AMSTERDAM

INSOLITE ET SECRÈTE

Marjolaine van Eys et Delphine Mousseau
Photographies de Corné Henri Bibo
et Christelle de Cazenove

ÉDITIONS JONGLEZ
Guides de voyage

Guide touristique de profession depuis plus de 30 ans, Marjolijn van Eys connaît tous les recoins d'Amsterdam. Pas un lieu où elle n'ait été invitée ou une personne dont elle ne connaisse la famille ! Elle s'est associée à Delphine Mousseau, expatriée française pendant de longues années à Amsterdam, pour redécouvrir sa ville d'un œil neuf et y apporter un éclairage biculturel.

Nous avons pris un immense plaisir à la conception du guide *Amsterdam insolite et secrète* et espérons que, comme nous, vous continuerez grâce à lui à découvrir des aspects insolites, secrets ou encore méconnus de la ville.
Fruit de plus de deux années de travail, cet ouvrage est un guide pratique : tous les endroits mentionnés sont accessibles et clairement localisés sur les cartes qui ouvrent chaque chapitre. Accompagnant certains lieux, des encadrés thématiques mettent en lumière des points d'histoire ou relatent des anecdotes qui permettront de comprendre la ville dans toute sa complexité.
Amsterdam insolite et secrète met également en valeur de nombreux détails visibles dans des lieux que nous fréquentons parfois tous les jours sans les remarquer. Ils sont une invitation à une observation plus attentive du paysage urbain et, de façon plus générale, un moyen pour regarder la ville avec la curiosité et l'attention dont nous faisons souvent preuve en voyage...

Les commentaires sur ce guide et son contenu ainsi que les informations sur des lieux que nous n'évoquons pas ici sont les bienvenus. Ils nous permettront d'enrichir les futures éditions de ce guide.

N'hésitez pas à nous écrire :
- Éditions Jonglez,
25 rue du Maréchal Foch,
78000 Versailles, France
- par mail : infos@editionsjonglez.com

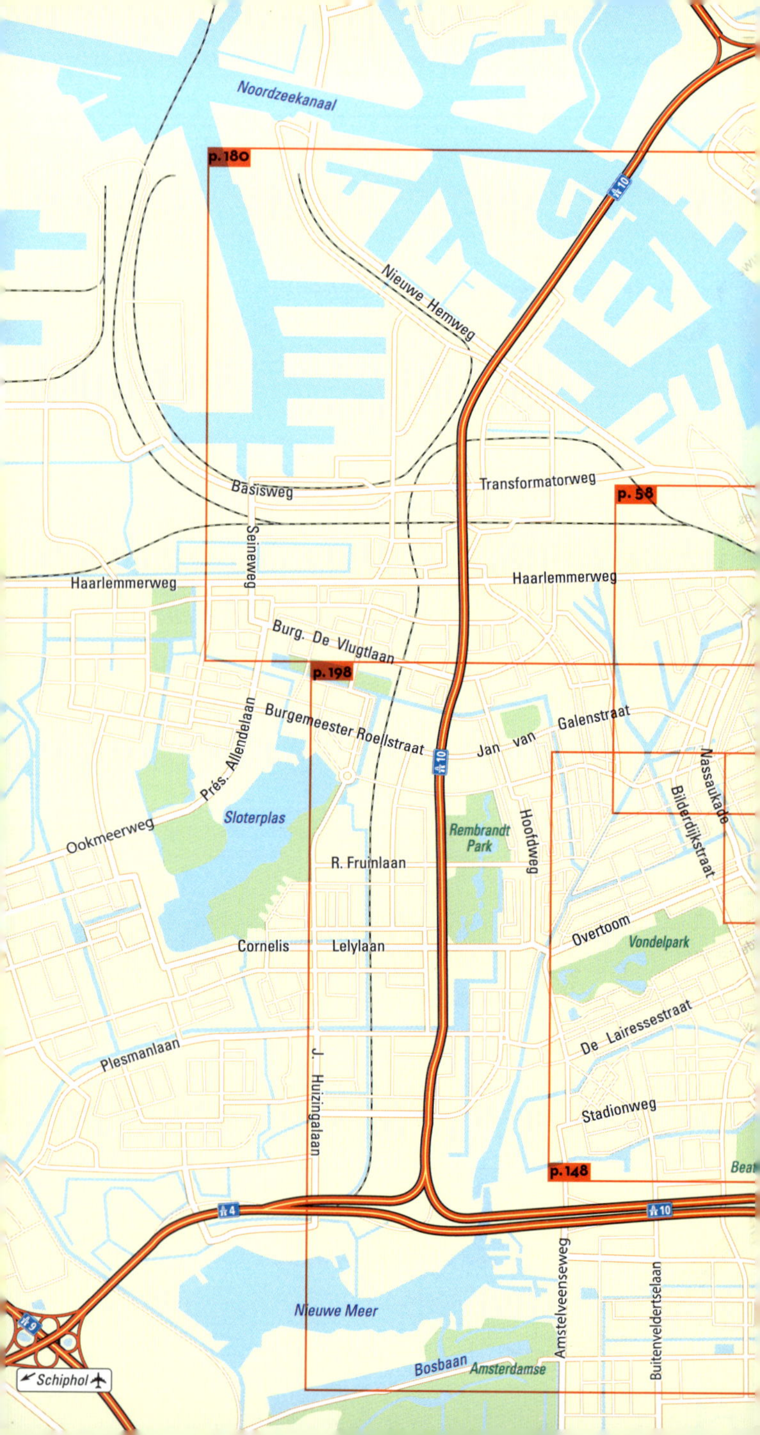
Noordzeekanaal
p. 180
A10
Nieuwe Hemweg
Basisweg
Transformatorweg
p. 58
Seineweg
Haarlemmerweg
Haarlemmerweg
Burg. De Vlugtlaan
p. 198
Burgemeester Roellstraat
Jan van Galenstraat
A10
Prés. Allendelaan
Sloterplas
Ookmeerweg
Rembrandt Park
Hoofdweg
Nassaukade
Bilderdijkstraat
R. Fruinlaan
Cornelis Lelylaan
Overtoom
Vondelpark
De Lairessestraat
Plesmanlaan
J. Huizingalaan
Stadionweg
p. 148
A4
A10
A9
Nieuwe Meer
Amstelveenseweg
Buitenveldertselaan
Bosbaan
Amsterdamse
Schiphol

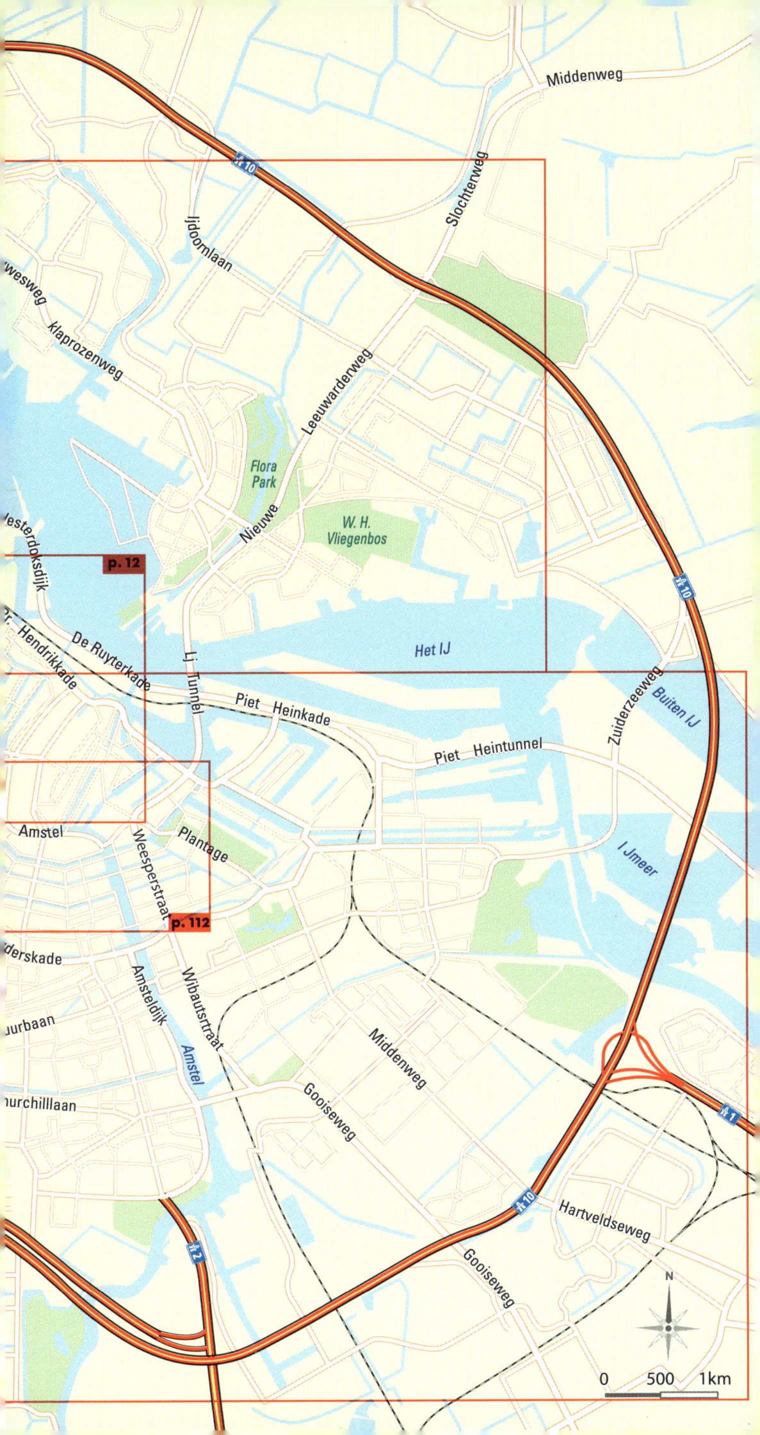
Middenweg
A10
Slochterweg
Ijdoornlaan
wesweg
klaprozenweg
Leeuwarderweg
Flora Park
Nieuwe
W. H. Vliegenbos
esterdoksdijk
p. 12
Pr. Hendrikkade
De Ruyterkade
Lj Tunnel
Het IJ
Piet Heinkade
Piet Heintunnel
Zuiderzeeweg
Buiten IJ
A10
Amstel
Weesperstraat
Plantage
I Jmeer
p. 112
derskade
Amsteldijk
Wibautstraat
Amstel
uurbaan
Middenweg
hurchilllaan
Gooiseweg
A1
A10
Hartveldseweg
A2
Gooiseweg
N
0
500
1km

SOMMAIRE

Centre

Grands canaux nord-ouest, Jordaan

Grands canaux sud-est, Le Plantage, Quartier juif

SOMMAIRE

Hors du centre - Nord

Hors du centre - Sud - Ouest - Est

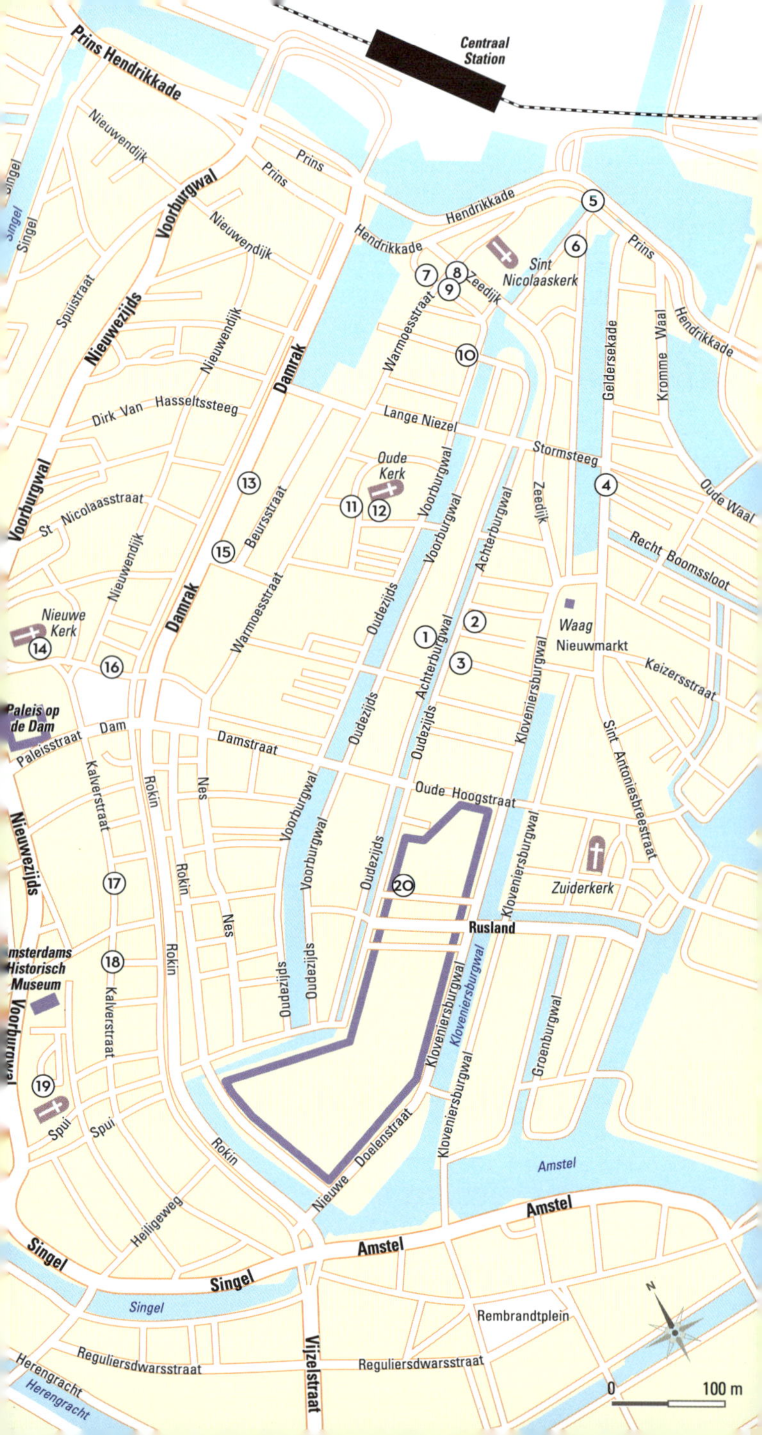

Centraal Station
Prins Hendrikkade
Prins Hendrikkade
Hendrikkade
Prins Hendrikkade
Nieuwendijk
Voorburgwal
Nieuwezijds
Voorburgwal
Nieuwezijds Voorburgwal
Singel
Spuistraat
Damrak
Warmoesstraat
Zeedijk
Sint Nicolaaskerk
Geldersekade
Kromme Waal
Lange Niezel
Stormsteeg
Dirk Van Hasseltssteeg
St Nicolaasstraat
Oude Kerk
Beursstraat
Oudezijds Voorburgwal
Oudezijds Achterburgwal
Oude Waal
Recht Boomssloot
Waag
Nieuwmarkt
Keizersstraat
Nieuwe Kerk
Paleis op de Dam
Paleisstraat
Dam
Damstraat
Kloveniersburgwal
Sint Antoniesbreestraat
Oude Hoogstraat
Kalverstraat
Rokin
Nes
Zuiderkerk
Rusland
Amsterdams Historisch Museum
Groenburgwal
Nieuwe Doelenstraat
Spui
Heiligeweg
Amstel
Singel
Rembrandtplein
Reguliersdwarsstraat
Vijzelstraat
Herengracht
N
0
100 m
1
2
3
4
5
6
7
8
9
10
11
12
13
14
15
16
17
18
19
20

Centre

LA CHAPELLE POUR TOUS

①

Un lieu de prière où tous les chrétiens et juifs sont les bienvenus

De Allemanskapel van Sint Joris
Oudezijds Achterburgwal 100
020 626 66 34
Office à 8 h 45 et à 19 h 30 tous les jours sauf le dimanche
Lecture de la Torah chaque vendredi soir

Loin des souvenirs de l'Altération (voir ci-dessous), la chapelle pour tous est un lieu étonnant où les croyants de toutes les confessions chrétiennes et juives sont les bienvenus. L'église présente ainsi des symboles traditionnels de plusieurs religions : un « ambon » (pupitre typiquement protestant où est posée la Bible), une chaire catholique, une iconostase orthodoxe (amovible), qui peut séparer le chœur du reste de l'église, et des fonts baptismaux ou « Jourdain », à l'entrée de la chapelle, élément distinctif de la tradition évangéliste. Les motifs du sol, en cercles concentriques, sont censés représenter les impulsions que donne le créateur à notre monde, ainsi que les différents cercles d'engagement des membres de la communauté. Enfin, le chandelier est en forme de globe terrestre, symbolisant notre dévotion. Toujours dans l'esprit du lieu, les célébrations sont menées alternativement par des prêtres, pasteurs et rabbins.

L'Altération : des catholiques aux protestants

Le 26 mai 1578, l'administration de la ville d'Amsterdam passa des mains des catholiques, qui avaient pourtant fini par accepter de se joindre à la révolte contre les Espagnols, à celles d'un conseil protestant orangiste : c'est une étape-clé de l'histoire de la ville que l'on appelle « Alteratie » (ou Altération). Les églises et les chapelles furent confisquées et remises au culte protestant, ou affectées à des activités profanes. Elles furent alors renommées pour effacer toute mention à des saints ou à la Vierge. Les catholiques se virent interdire d'exercer publiquement leur culte. Bien qu'ils ne fussent pas persécutés, ils durent trouver des lieux secrets pour se rassembler jusqu'en 1798, comme la désormais célèbre église du Bon Dieu au grenier (Amstelkring) ou la chapelle du Perroquet (voir page 49).

Les couvents d'Amsterdam

Au Moyen Âge, Amsterdam comptait plus de 20 monastères situés en dehors des remparts de la ville, principalement tenus par des nonnes. La plupart étaient situés dans la partie sud-ouest de la ville, entre le Rokin, le Nes et le Kloveniersburgwal. Seuls les noms des rues témoignent aujourd'hui de cette riche vie religieuse. On notera la Bethaniënstraat, pour le couvent de Sainte-Marie-Madeleine-de-Béthanie (voir page suivante), Monnikenstraat du nom du monastère franciscain ou la Reguliersstraat, du nom des sœurs régulières. Celui de la ruelle « Gebed zonder end » (la prière sans fin) prête à sourire : beaucoup de monastères étaient réunis dans cette rue, dans laquelle on pouvait donc toujours entendre des prières.

COUVENT DE BÉTHANIE

②

Un couvent transformé en salle de concerts

Bethaniën klooster
Barndesteeg 6B
020 625 00 78
Concert gratuit par les élèves du conservatoire tous les vendredis à 12 h 30, sauf pendant les vacances scolaires

Le couvent de Marie-Madeleine-de-Béthanie était à l'origine destiné aux femmes qui désiraient faire pénitence pour se racheter d'une vie dissolue. En 1492, le chapitre de sa maison mère, sise à La Haye, accorda à cette communauté le droit de construire sa propre chapelle, dirigée par un vicaire et assortie d'un cimetière.

Le couvent éleva aussi des vaches (voir ci-dessous) et brassa de la bière. Il fut fermé en 1578 : aujourd'hui, seule subsiste l'aile nord, située le long du Barndesteeg, qui fut restaurée en 1980. On y trouve cependant encore un sous-sol voûté du XVe siècle, deux étages.

Pourquoi la rue de la Vache s'appelle-t-elle ainsi ?

Après l'Altération de 1578, la municipalité d'Amsterdam racheta la majeure partie de la parcelle occupée par le couvent de Béthanie. Aujourd'hui, seul le nom de « rue de la Vache » (Koestraat) indique encore l'endroit où se trouvaient les étables du couvent.

AUX ALENTOURS

Le bas-relief de la guilde des marchands de vin ③

Wijnkopersgildehuis, Koestraat 10-12

La porte de la maison située aux numéros 10-12 de la Koestraat est surmontée d'un fronton orné d'un bas-relief représentant Bacchus en pied. Ce dernier tient des ceps de vigne garnis de feuilles et de grappes. C'était dans cette maison, en effet, que se réunissait la guilde des marchands de vin de 1630 à 1798. Le bâtiment et sa porte, construite en 1633 par l'architecte Pieter de Keyser, sont classés Monument Historique depuis 1970.

PIERRE DE FAÇADE « IN COIGNAC »

④

Du vin au brandy puis au cognac...

Geldersekade 97

Construite au tout début du XVIIe siècle, la maison du Geldersekade 97 arbore, entre le premier et le deuxième étage, une belle pierre de façade représentant une ville, accompagnée de l'inscription « In Coignac ». Cette pierre rappelle l'importance des Pays-Bas dans l'histoire et le commerce du cognac (voir ci-contre), ainsi que la prospérité du marchand de vins (et de cognac) Willem Hendrickszoon, pour qui cette demeure fut construite.

Des recherches menées en 1993 lors de la restauration de cette pierre ont montré que la ville représentée était la cité française de Cognac (photo ci-contre) en Charente : derrière l'enceinte crénelée apparaissent des bastions semi-circulaires, des portes, des ponts, des maisons pourvues de tours, ainsi que des églises et des chapelles. On remarque également, dans la partie gauche de la scène, le château de Cognac.

Dans cette minutieuse représentation, l'artiste a poussé son souci du détail jusqu'à figurer un cavalier et des promeneurs marchant le long du fleuve.

La ville d'Amsterdam à l'origine de l'invention du cognac

Le cognac doit beaucoup aux Néerlandais. Dès le XIe siècle, la ville de Cognac menait un fort négoce autour de ses entrepôts de sel. Les navires hollandais, qui transportaient du blé depuis l'est de l'Europe vers l'ouest de la France, se chargeaient au retour de sel puis, avec l'expansion du vignoble du Poitou, de vin. Ce vin devint rapidement populaire mais supportait mal les longs trajets en raison de sa faible teneur en alcool. C'est au XVIIe siècle qu'un apothicaire d'Amsterdam découvrit qu'en le chauffant, puis en y ajoutant de l'eau, il se produisait un changement de goût intéressant, et que le breuvage obtenu se conservait plus longtemps. Ce vin fut appelé Brandewijn ou « vin brûlé » (d'où le nom de « brandy »). Peu après cette découverte, la légende raconte qu'un viticulteur charentais, le chevalier Jacques de La Croix Marron de Segonzac, aurait eu l'idée de distiller ce mélange une seconde fois, ce qui permit à cette boisson de se transformer en une eau-de-vie inaltérable : le cognac.

PIERRE DE FAÇADE DES PLEUREUSES DE LA V.O.C.

⑤

L'adieu aux marins qui partaient

Prins Hendrikkade 94-95 - 020 428 82 91

Le *V.O.C. Café* est hébergé dans la Schreierstoren, l'une des tours des remparts de la ville au Moyen Âge. Construite en 1480, la tour donnait à l'origine directement sur la mer. Le sol ayant été rehaussé depuis, une partie de la tour est désormais souterraine. La tour arbore une étonnante pierre de façade qui date de 1569 et représente une femme en train de pleurer. À côté, on peut lire l'inscription « Scrayer-Houvk », qui signifie littéralement « le coin des pleureuses ». Le lieu était en effet celui des adieux pour les femmes des marins qui embarquaient dans les navires et dont on ne savait s'ils allaient revenir. Certains pensent néanmoins que le nom de Schreierstoren vient plutôt du hollandais *scherp* (« saillant »), allusion au fait que la tour est construite sur l'angle saillant du mur la ville médiévale. On trouve également une plaque commémorative posée en 1946 pour célébrer les 350 ans du départ du premier convoi de quatre navires de la V.O.C. vers les Indes, en 1596, qui eut lieu ici même. Seuls trois bateaux revinrent en 1597. L'oiseau symbolise celui qui n'est pas revenu.Une autre plaque en bronze a été apposée par la *Greenwich Village Historical Society* (Association historique de Greenwich Village), pour commémorer le départ le 4 avril 1609 de Henry Hudson vers l'Amérique à bord du vaisseau *Halve Maen* (*Demi-lune*) armé par la V.O.C. Il donna son nom à la rivière Hudson.

Pour d'autres pierres de façade sur la V.O.C., voir la double page suivante.

La première société anonyme au monde

La création en 1602 de la Verenigde Oost Indische Compagnie, ou V.O.C. (Compagnie unie des Indes orientales), fut en grande partie à l'origine de la puissance historique des Pays-Bas : au sommet de son rayonnement, la République des Pays-Bas possédait en effet le deuxième réseau de comptoirs le plus riche du monde, après celui des Portugais. L'aventure des Indes était une entreprise coûteuse et très risquée mais aussi fort lucrative. Les riches commerçants des Provinces-Unies en étaient bien conscients et c'est pourquoi ils s'associèrent pour créer, par la charte du 20 mars 1602, la première société anonyme au monde financée par des actions, ayant l'exclusivité du commerce en Orient, de l'Afrique du Sud au Japon. Le caractère permanent du capital par rapport à la levée d'une mise de fonds pour chaque expédition, le nombre d'actionnaires et par là même l'importance du capital permirent d'assurer à la V.O.C. une stabilité financière exemplaire. La V.O.C. était, de plus, dotée de tous les pouvoirs régaliens : au nom de la chambre des députés, elle pouvait fonder des colonies, lever sa propre armée, déclarer la guerre et signer des traités, exercer la justice, battre monnaie et lever des impôts. La V.O.C. était une organisation décentralisée, organisée en six chambres régionales indépendantes, chacune représentant une ville et ses alentours. Chaque chambre élisait ses représentants formant ainsi la direction générale ou Heren XVII (les 17 messieurs). Tenue par ses actionnaires, la V.O.C. n'avait qu'un seul but : le profit. C'est la première organisation structurée d'une bourgeoisie marchande se libérant des privilèges féodaux, en somme, la première manifestation du capitalisme. Le commerce de la V.O.C. a été marqué par les épices, ainsi que par la porcelaine et la soie. Mais les cargaisons des navires contenaient aussi du tabac, du riz, du thé, du café, du sucre, ainsi que du fer, de l'étain et de l'acier, et bien sûr de l'opium. La Compagnie s'enrichira aussi du commerce régional exercé depuis Batavia (actuelle Jakarta) dans toute l'Asie, jusqu'à la Chine et le Japon. Face au prosélytisme catholique des Portugais, le Japon fermera l'accès de ses ports en 1639 à tous les navires, sauf à ceux des Hollandais, qui eurent un comptoir sur l'île Deshima, à côté de Nagasaki, jusqu'en 1859. En deux siècles, la V.O.C. a envoyé environ un million de personnes sur 4721 navires en Asie dont 3356 sont rentrés avec près de 2,5 millions de tonnes de marchandises. La V.O.C. avait été précédée par la britannique East India Company, fondée en 1600. Première néanmoins à émettre des actions, elle servira de modèle pour de nombreusesautres compagnies : la Compagnie française des Indes fondée en 1664 par Colbert, la Danish Asiatik Kompagnie fondée en 1670 et la compagnie suédoise Ostindiska Kompaniet fondée en 1731.

Les autres pierres de façade de la V.O.C.

Outre la pierre de façade de la tour des pleureuses, on trouve dans Amsterdam de nombreuses autres pierres illustrant les aventures orientales des Hollandais. En voici quelques-unes.

Sur l'Oudezijds Voorburgwal, au numéro 14, sur le mur du côté de la maison, une petite pierre de façade représente trois matelots à l'air jovial, en file indienne. Cette pierre se trouvait à l'origine sur la Bethaniëndwarsstraat 20, à côté de la Maison des Indes orientales où les salaires des marins étaient versés. Cette petite pierre était sans doute utilisée comme publicité pour une des auberges, très nombreuses à l'époque dans ce quartier.

Sur l'Oudezijds Voorburgwal, au numéro 136 : beau fronton en bois sculpté représentant l'amiral Cornelis Tromp. Il est présenté tel un héros, dans une mise en scène typique du XVIIe siècle. On reconnaît son statut d'amiral à de nombreux attributs : la cuirasse, le globe et la carte marine, mais aussi la baguette de commandement et la médaille. À droite du globe, on remarque aussi un canon, qui fait référence au nom de l'amiral, qui s'est illustré par sa victoire contre les Anglais en 1652.

Près de l'Oudezijdskolk, on a rassemblé sur un petit mur plusieurs pierres de façade conservées après la démolition de vieilles maisons. On y remarquera notamment une fleur et un fruit de café, ainsi qu'une lionne couchée : en 1622, un navire de la V.O.C. appelé *Leewin* (« la Lionne ») a atteint le point le plus à l'ouest de l'Australie, qui porte depuis le nom de cap « Leeuwin » .

Sur le mur extérieur du Musée d'Amsterdam, se trouve une large et magnifique pierre qui était à l'origine sur la Warmoesstraat, au numéro 174. Elle représente un commerçant en train de négocier du coton. Sur les balles de coton sont inscrites des informations sur leur qualité et leur acheminement.

Sur la Tweede Rozendwarsstraat, au numéro 21, on notera une pierre représentant un marin en grand apparat. Cette pierre marquait sans doute la maison d'un officier de la V.O.C.

Sur Tichelstraat, au numéro 33, en haut du beau pignon à cou, l'inscription « Batavia 1737» encadre un glaive et une couronne de laurier avec en arrière-plan un bouclier orange, blason du premier comptoir hollandais en Indonésie, Batavia. Dans un premier temps, il n'était composé que d'un fort avec quatre bastions, nommés d'après les provinces hollandaises de Gelderland, Zeeland, Holland et West Friesland. Le siège de la V.O.C. y fut ensuite installé et la ville, en grandissant, prit le nom de Jakarta. Sur la Buiten Brouwersstraat, au numéro 20, on trouve une belle pierre de façade récemment rénovée en quadrichromie. Elle rappelle le trois-mâts *China*, construit en 1676 par la Chambre de commerce d'Amsterdam de la V.O.C. sur ses chantiers navals de l'île Oostenburg, pour faire des allers-retours avec l'Orient. Ce beau bateau réussira sa mission en réalisant cinq allers-retours vers le comptoir de Batavia, entre 1677 et 1691, chaque trajet prenant de 6 à 9 mois.

Trois caféiers illustrent la pierre de façade au n° 38 de la St Nicolaasstraat. Ils symbolisent les trois comptoirs de commerce de la côte est de l'Afrique, Mocha (sur la Mer Rouge au Yemen), Basra (en Irak) et Gamron (aujourd'hui le port Bandar Abbasin en Iran), d'où on rapportait du café. Cette pierre de façade est attribuée à l'établissement en 1742 d'une boutique de café dans cette rue.

ENTREPÔT DU SHIP CHANDLER

⑥

Un magasin du XVIIe siècle intact

Ship Chandler's warehouse
Geldersekade 8
Visite sur rendez-vous en téléphonant au 06 46 388 567

Sur rendez-vous, il est possible de visiter l'ancien entrepôt du Ship Chandler, un magasin du XVIIe siècle dont l'agencement intérieur est resté quasiment intact : le comptoir, les balances mais aussi les tonneaux de bière et les bacs de rangement ont été conservés.

Au siècle d'or, l'entrepôt était destiné aux capitaines qui venaient y ravitailler leurs grands navires avant les départs pour la haute mer. La boutique elle-même se situait en bas, les étages étant utilisés pour stocker les marchandises. On commandait et testait les produits, notamment les victuailles, qui étaient ensuite acheminés par petits bateaux vers les navires.

Comme l'atteste l'inscription sur une pierre dans la cave, le bâtiment a été construit en 1624 et le style de la façade arrière qui donne sur Oudezijds Kolk 1 dont le pignon est en pointe (« tuitgevel ») ne trompe pas. Il a été ensuite radicalement rénové au XVIIIe siècle. La corniche horizontale de style Louis XVI date d'environ 1775 et présente des ornements festonnés.

On notera également le très intéressant tympan au-dessus de la porte. Il représente un tonneau de tabac et deux paniers en roseaux tressés remplis de feuilles de tabac, qui signalent que le premier commerce était celui du tabac. On peut aussi voir à l'intérieur sur le mur au-dessus de l'escalier une sculpture en bois de Jean Nicot, à qui on doit le nom de nicotine, qui a découvert en 1560 cette plante aux vertus médicinales. C'est sans doute vers 1800 que le magasin a changé d'activité.

Ce bâtiment est un exemple typique de maison de marchands. Les trois fenêtres du milieu étaient très certainement fermées à l'époque par des volets : elles donnaient accès aux greniers où étaient stockées les marchandises après avoir été hissées à l'aide de la poutre de guindage. Les propriétaires ont entièrement rénové le bâtiment il y a 30 ans, en préservant les détails d'époque.

La salle de réception du premier étage, décorée dans le style du XVIIe siècle, peut être louée pour organiser des dîners de 20 à 50 personnes. L'apéritif peut être servi dans le salon dont on a conservé le billard.

PIERRE DE FAÇADE DU BAR *IN DE OLOFSPOORT*

⑦

Une ancienne raffinerie de sucre

Proeflokaal In de Olofspoort,
Nieuwebrugsteeg 13
020 624 39 18

In de Olofspoort est un bar de dégustation hébergé dans un bâtiment qui date de 1619. Construit par l'architecte Hendrick de Keyser à l'emplacement de l'ancienne porte Saint-Olaf, d'où son nom *In de Olofspoort*, il possède un beau pignon à redans, bel exemple du style Renaissance hollandais.

La pierre de façade polychrome est un intéressant témoignage de l'histoire de cette maison. On y voit trois hommes dont les costumes témoignent de la façon de s'habiller à l'époque de la construction du bâtiment.

Celui-ci a d'abord hébergé une raffinerie de sucre, comme en atteste l'inscription sur la pierre « in de lompen », *lomp* étant le nom des pains de sucre en néerlandais ancien. Puis, il fut utilisé comme boulangerie. Ce n'est qu'en 1986 que l'on a reconverti ce bâtiment en bar de dégustation : l'intérieur a été aménagé dans l'esprit du XVIIe siècle et l'on peut y déguster une soixantaine de genièvres hollandais et belges. Le pignon à redans a été réalisé dans le style de Lieven de Key, un architecte flamand qui a introduit le style Renaissance à Haarlem au début du XVIIe siècle. Ce pignon présente de nombreuses petites marches décorées de minutieux blocs blancs et un pilastre.

L'histoire des « maisons à pots »

Remarquez le petit abri sur le devant de la maison : il s'agit d'un « pothuis ». Au Moyen Âge, les maisons avaient un puits côté rue, abrité par une petite maison en bois et accessible depuis l'étage inférieur. D'où le nom de « puithuis », ou maison du puits. Au cours du XVIIe siècle, quand les maisons furent reconstruites en briques, la plupart des pothuizen ont disparu. Certains ont été conservés et utilisés comme arrière-cuisine pour entreposer les ustensiles. Ils ont aussi été utilisés par des petits artisans, comme les cordonniers ou même parfois comme habitation. La construction de pothuizen a été interdite en 1820.

MAISON DU ZEEDIJK 1

L'une des deux dernières maisons en bois d'Amsterdam

Zeedijk 1
020 626 84 01

Édifiée en 1550, la maison du Zeedijk 1 est l'une des deux maisons en bois qui subsistent à Amsterdam. Bien que la construction en bois repose sur des murs de brique, le squelette de l'édifice, en bois, est d'origine. La maison a été bâtie « op de vlucht » (en fuite), c'est-à-dire qu'elle penche un peu en avant : chaque étage a été construit en saillie de plus de 25 centimètres par rapport au précédent, afin que l'eau de pluie ruisselle sur la rue, et pour faciliter la montée des marchandises hissées vers les étages ou le grenier.

Depuis sa construction, cette maison a toujours été une auberge. Proche de la mer, elle accueillait beaucoup de marins qui ramenaient des singes de leurs voyages dans les pays lointains : ils offraient alors ces animaux exotiques au patron, soit en cadeau, soit pour payer leurs dettes. Car le patron aimait garder ces animaux dans des cages, même s'ils attiraient quantité de parasites... Ainsi, aussitôt que quelqu'un dans le quartier se grattait, son entourage avait coutume de dire : « Tiens, il a été hébergé au singe ! ».

Depuis lors, cette expression est devenue un poncif, toujours utilisé pour décrire quelqu'un de soucieux – qui ne se gratte pas la tête, en effet, face à une situation délicate ?

Au rez-de-chaussée se trouve désormais le café *In't Aepjen* (en vieux néerlandais, « Aepjen » est l'orthographe de *Aapje*, c'est-à-dire « singe »), et dans les étages, l'hôtel *Barbizon* a aménagé ses chambres.

L'autre maison en bois d'Amsterdam se situe dans le Béguinage (Begijnhof 34), place du Spui, et date de 1470. Si d'autres maisons à Amsterdam ont un squelette en bois, à l'exception des deux maisons précitées, seule leur charpente du XVIe siècle est encore d'origine.

Si, au Moyen Âge, les maisons étaient principalement construites en bois, les grands incendies de 1421 et 1452 provoquèrent l'interdiction de ce matériau extrêmement inflammable, du moins pour les murs porteurs. Le bois étant un matériau léger, il nécessitait des fondations moins profondes que la pierre ou la brique, qui permettaient toutefois de construire des maisons plus hautes. La plupart des maisons furent alors édifiées en brique, faute de ressources naturelles. En effet, les rares pierres utilisées en construction provenaient de l'étranger : elles sont dites « bentheim », du nom des carrières allemandes, situées près de la frontière, d'où elles étaient extraites.

CHAPELLE SAINT-OLAF

9

La plus vieille chapelle d'Amsterdam

À voir de l'extérieur sur le Zeedijk
Entrée par l'hôtel Barbizon, *Prins Hendrikkade, 59-72*
Visite sur demande en téléphonant au 020 556 45 64

La chapelle Saint-Olaf est la plus vieille chapelle d'Amsterdam. Construite sur le Zeedijk autour de 1450, elle a été placée sous la protection de saint Odulphus de Brabant, le saint patron des digues. À la fin du XVe siècle, la chapelle fut agrandie et l'extension prit le nom de chapelle de Jérusalem car, aux XVe et XVIe siècles, c'était le lieu de rencontre des pèlerins qui avaient fait le voyage en Terre Sainte et que l'on appelait les « pères de Jérusalem ».

La chapelle est de style gothique, mais les entrées, une sur le Zeedijk datant de 1644 et deux sur le Nieuwebrugsteeg datant de 1620 et 1671, sont de style Renaissance hollandaise. On notera le haut-relief rénové sur la porte du Zeedijk. Il représente un squelette couché avec la mention « *spes altera vitae* » (dans l'espoir d'une autre vie).

Après l'Altération de 1578 (voir page 15), la chapelle a été confisquée par la municipalité et utilisée comme bourse de commerce avant d'être remise à l'Église réformée en 1602. Elle prit alors le nom de « Oudezijds Kapel ». Le dernier office s'est tenu en 1912. L'église a ensuite été utilisée à des fins variées : on retiendra notamment la bourse hebdomadaire du fromage dans les années 1950... La chapelle Saint-Olaf fut fermée en 1964 car elle menaçait de s'écrouler. C'est seulement en 1991 que la ville prit l'initiative avec les Monuments Historiques et l'hôtel *Barbizon* de procéder à une restauration complète.

L'église est maintenant utilisée comme salle de conférence et est reliée à l'hôtel *Barbizon* par un passage souterrain.

La porte Saint-Olaf

La porte Saint-Olaf a été construite en 1370 dans le prolongement de l'artère principale de la ville, alors appelée Kerkstraat, et aujourd'hui Warmoesstraat. Cette porte était constituée de deux grosses tours en pierres côté ville, un pont au-dessus du canal, et une fortification du côté extérieur. Dès 1425, la porte n'était déjà plus utilisée, la ville s'étant largement étendue au-delà des remparts. Le bâtiment sera détruit en 1618 mais on a gardé son nom pour le passage.

Un parking ultra moderne

L'hôtel *Barbizon* est équipé d'un parking souterrain pour 25 voitures qui fonctionne électroniquement. Pour garer sa voiture, on la place sur une plateforme. Celle-ci est actionnée par le portier depuis son panneau de contrôle et est placée automatiquement dans un emplacement souterrain.

PIERRE DE FAÇADE DE RIGA

⑩

Traces du commerce autour de la mer Baltique

Oudezijds Voorburgwal 14

Au n° 14 de la rue Oudezijds Voorburgwal, non loin de l'ancien port du XVe siècle, une pierre de façade présente des clefs disposées en croix, qui sont les armes de la ville de Ŗiga (capitale de la Lettonie depuis 1918). Cet élément décoratif rappelle l'importance du commerce entre les Pays-Bas et les pays baltes : Wessel Becker, qui fit bâtir cette maison vers 1650, était un marchand originaire de Riga, ville avec laquelle Amsterdam entretenait alors des relations commerciales très florissantes.

En effet, dès 1356, les villes de Zutphen, Deventer, Kampen, Zwolle et Tiel s'étaient regroupées pour constituer une alliance commerciale avec des villes allemandes, belges et baltiques : « De Hanze » (la « Hanse », ou « Ligue hanséatique ») jouissait alors de privilèges accordés par plusieurs souverains européens, qui garantissaient un commerce particulièrement fructueux. Les villes importantes de la Ligue hanséatique étaient toutes situées en bord de mer ou de fleuves. En 1438, une autre organisation de commerce se développa sur la mer Baltique, mais ce n'est qu'au XVIIe siècle qu'elle reçut le nom de « Moeder Negotie » (« mère commerce »), devenant la principale source de la richesse des Pays-Bas. Le commerce avec les pays autour de la mer Baltique, en particulier la Pologne, la Prusse orientale et la Lettonie, fut en effet particulièrement fructueux car les villes hanséatiques négociaient essentiellement des produits de luxe. Le capital engrangé par les échanges baltiques fut plus tard en partie investi dans la navigation vers les Indes orientales pour y développer de nouveaux comptoirs.

Le bateau typique avec lequel les Hollandais commerçaient sur la Baltique s'appelait une « Flûte ». Ce navire disposait d'une cale plus large que la moyenne et d'un pont étroit. Nécessitant un équipage réduit à bord, il pouvait ainsi transporter davantage de marchandises et bénéficier de droits de péage réduits, ces derniers étant déterminés par les dimensions du bateau. Les commerçants néerlandais transportaient des céréales, de la poudre de Suède, du bois, du fer et des armes en France et au Portugal, revenant chargés de vin et de sel.

Vers 1530, les Hollandais disposaient d'une flotte commerciale de 400 navires, soit davantage que celles des Anglais et des Français réunies. Amsterdam devint ainsi le marché central européen des céréales au XVIe siècle.

LES PROVERBES DE L'OUDE KERK

⑪

« L'argent ne sort pas de mon postérieur »

Oude Kerk
Oudekerksplein 23
020 625 82 84

Le chœur de l'Oude Kerk (qui, de 1300 à 1578, s'appelait église Saint-Nicolas et était catholique) recèle de superbes stalles ornées de bas-reliefs illustrant une série de proverbes néerlandais. Ces représentations peu connues qui, d'après les vêtements des personnages, remontent aux années 1480, méritent que l'on s'y attarde.

On y trouve en effet la représentation de dictons comme : « L'argent n'a pas de valeur devant la mort », « Il faut naviguer lorsque le vent souffle » (dans l'esprit de « Il faut saisir la balle au bond »), « L'argent ne sort pas de mon postérieur » (pour « L'argent ne se trouve pas sous le

sabot d'un cheval »). On remarque également l'expression « Avoir le c... entre deux chaises »...

Quant au proverbe « Il doit ouvrir grand la bouche, celui qui veut l'ouvrir comme un four », il rappelle que nous ne devons pas nous perdre en vains efforts. Dans le même esprit, on notera les représentations de plusieurs péchés (notamment la colère et l'ivresse).

D'autres œuvres témoignent également de l'héritage mixte de cette église qui fut convertie en temple protestant en 1578 : outre les stalles, on notera la représentation d'un saint sur la voûte qui rappelle les grandes heures du catholicisme, tandis que la chaire au milieu du sanctuaire est caractéristique de l'Église Réformée.

Amsterdam compte trois églises Saint-Nicolas : l'Oude Kerk avant qu'elle ne soit renommée, celle située sur le même canal, aux numéros 38-40, qui a été construite en secret en 1661 et est devenue un musée en 1888, et enfin celle bâtie en 1887 sur le Prins Hendrikkade 73 par l'architecte Andrianus Bleys, qui a reçu en 2012 le titre honorifique de basilique.

LES SYMBOLES DE L'ORGUE VATER-MÜLLER DE L'OUDE KERK

⑫

La célébration de la musique divine

Oude Kerk
Oudekerksplein 23
020 625 82 84

L'orgue grandiose qui trône dans l'Oude Kerk a été installé en 1539 et a longtemps été joué par le célèbre compositeur Jan Pieterszoon Sweelinck (1562-1621), avant d'être en partie modifié par le facteur d'orgue Christian Vater en 1724.

Le buffet de l'instrument est richement décoré et les nombreux détails sont tous porteurs d'une signification soigneusement choisie. Sur le cadran qui couronne le buffet, on remarque un serpent se mordant la queue (ou ouroboros), symbole de l'éternité. L'aiguille est agrémentée d'ailes, rappelant que le temps vole et s'enfuit. L'ange soufflant dans sa trompette évoque aussi bien le Jugement dernier que la musique qui élève l'âme au sein de l'église. Deux figures féminines entourent la tour du pédalier : la jeune femme, à gauche, dont le front est orné d'un cœur, porte un calice et un oiseau et se tient sur une ancre. Elle représente ainsi la foi, l'espérance et l'amour. À droite, c'est une vieille femme voilée qui lui fait face, tenant dans sa main un encensoir qui appelle à la prière. Un *putto* présente un livre ouvert, figurant ainsi la loi divine. La femme qui chante sur la gauche et celle qui sur la droite joue de la viole de gambe, attribut de l'Harmonie, représentent toutes deux l'éloquence et l'élévation par la musique.

Jan Pieterszoon Sweelinck devint organiste à 15 ans au sein de l'église Saint-Nicolas et obtint en 1580 le même poste à l'Oude Kerk, malgré la décision de 1578 de ne plus jouer d'orgue pendant les services religieux protestants. Connu au-delà des frontières du pays, on l'appelait « le facteur d'organistes d'Hambourg », car c'est lui qui avait enseigné cet art à tous les organistes de cette ville. Il fut inhumé le 20 octobre 1621, au son de la grosse cloche de l'Oude Kerk. Une plaque à sa mémoire a été ajoutée au n°15 de la Koestraat, là où il a longtemps vécu.

Louis Bonaparte, qui fut le premier roi de Hollande, rendit les communes propriétaires des clochers du royaume, et donc responsables de leur entretien. Ce dernier était crucial, les cloches ne se contentant pas de rythmer les journées en annonçant l'heure : elles prévenaient aussi les habitants des dangers, comme un incendie, un assaut ou toute autre catastrophe frappant la ville.

SALLE DES COFFRES-FORTS DE LA BOURSE DE BERLAGE

(13)

Une salle forte du début du XXe siècle

Damrak 277
Visite guidée à réserver auprès de l'organisme Artifex : 020 620 81 12

Une étonnante salle des coffres-forts se trouve dans les sous-sols de la bourse des valeurs, sous l'actuel café qui est situé dans l'ancienne entrée principale et dans l'ancien vestibule. Les coffres ont été construits

en 1902 à Dordrecht par la société Lips, qui était spécialisée dans les serrures de 1871 à 1998 et dont le nom est encore associé aujourd'hui à ce savoir-faire. Ce nom, peint dans une écriture Art déco, décore également l'intérieur des portes de ces coffres individuels. Ils étaient mis en location pour les particuliers désireux de conserver leurs papiers et effets de valeur. On entre dans la salle forte par une double porte très épaisse pesant deux tonnes, dont on appréciera particulièrement les mécanismes de fermeture en laiton et la décoration fine d'orfèvrerie. L'ensemble a été rénové en 2001 et l'on peut y accéder lors d'une visite guidée ou lors des expositions qui y sont organisées.

De la même façon, il est possible de voir la spectaculaire salle des coffres du siège central de la Société Générale à Paris (voir chez le même éditeur le guide *Paris méconnu*).

AUX ALENTOURS

Cadrans solaires de l'église Nieuwe Kerk (14)

Au-dessus de l'aile de la Nieuwe Kerk, côté Dam, se trouvent deux cadrans solaires, à partir desquels toutes les horloges de la ville étaient mises à l'heure jusqu'en 1880.

CÉRAMIQUES SYMBOLISTES DU *CAFÉ DE LA BOURSE DE BERLAGE*

15

Le Passé, Le Présent *et* Le Futur

Beurs van Berlage Café, *Damrak 277*
020 530 41 41

Si le *Café de la Bourse de Berlage* est très fréquenté par les Amstellodamois et les touristes, il possède trois œuvres remarquables, dont la signification est souvent méconnue. En effet, les céramiques de l'ancien vestibule de la Bourse de Berlage, qui accueille aujourd'hui le café, furent réalisées en 1903 par Jan Toorop (1858-1928), l'un des peintres les plus importants du mouvement symboliste aux Pays-Bas.

Ce mouvement, à la fois littéraire et artistique, est apparu vers 1880 en réaction à un monde jugé trop matérialiste, car issu de la révolution industrielle et de ses progrès techniques, qui avaient engendré l'essor du capitalisme et la lutte des classes. Dans ce contexte, les poètes français (Arthur Rimbaud, Paul Verlaine, Stéphane Mallarmé) et belges (Émile Verhaeren, Maurice Maeterlinck) furent les premiers à utiliser le symbole comme un langage métaphorique, cherchant à mettre en valeur le Beau. Ce courant culturel, pétri de rêve et d'utopie, s'étendit ensuite à la peinture et au théâtre, influençant l'art de toute l'Europe.

Aussi les trois céramiques de Toorop, réalisées par la manufacture royale de porcelaine et céramique Roozenburg à La Haye, représentent-elles de façon idéaliste les thèmes de l'émancipation de la femme et du progrès pour les travailleurs. Nommées *Le Passé*, *Le Présent* et *Le Futur*, elles mettent en scène successivement l'esclavage désormais aboli, le travail actuel soumis à la pression du temps, et une vision utopique du monde mêlant des éléments iconographiques de l'âge d'or, un thème biblique et des symboles anarchistes. En effet, Toorop était alors en train de se convertir de l'anarchisme au catholicisme, et sa représentation du Christ et de la Samaritaine autour du puits symbolisait l'utopie d'un avenir dans lequel chacun trouverait sa place.

Ainsi pour Toorop, comme pour le peintre Paul Signac et l'écrivain William Morris, l'âge d'or n'était-il pas à rechercher dans le passé, mais dans un avenir qui restait à définir et à construire. Or, bien que Berlage et Toorop aient représenté une gauche libérale qui n'appelait pas à la révolution, ces œuvres furent considérées comme de la provocation : Toorop fut alors accusé de promouvoir les idéaux socialistes au sein de l'institution, résolument capitaliste, de la Bourse... C'est pourquoi, dès la rénovation de 1906, les marchands demandèrent, en vain, que ces céramiques soient enlevées.

PIERRE DE FAÇADE DE SAINT NICOLAS

16

La représentation d'une triple résurrection

Dam 2

Sur la place du Dam, une très belle pierre de façade représente saint Nicolas bénissant trois enfants nus, qui semblent émerger d'un baquet en bois. Pour comprendre le sens de cette scène insolite, il faut savoir que la place hébergeait autrefois un marché de la Saint-Nicolas, personnage auquel les légendes ont prêté plusieurs miracles, dont celui – selon l'une des versions de l'histoire – de la résurrection de trois riches adolescents. Ceux-ci, au cours d'un pèlerinage, auraient fait halte dans une auberge dont le tenancier, après les avoir volés, les aurait occis, coupés en morceaux et mis à saler. Lorsque, sept ans après ce triple meurtre, saint Nicolas aurait commandé un repas dans la même auberge, il aurait reconnu, dans le plat qu'on lui avait servi, les restes des pèlerins assassinés, et aurait ressuscité les trois jeunes gens...

Cette version populaire de la légende s'appuie cependant sur des sources plus anciennes et moins romanesques : trois officiers de l'empereur Constantin Ier (né vers 275, et mort en 337), au retour d'une mission en Phrygie, auraient été accusés de complot contre la vie du souverain. Ils auraient alors été condamnés à mort, et ne furent sauvés que grâce à l'apparition de saint Nicolas dans les songes de l'empereur et de son préfet. Dans ceux-ci, il ordonna que les prisonniers injustement mis en cause soient relâchés sans délai. Leur innocence fut ensuite proclamée par Constantin, qui envoya alors les trois officiers à Myre, porteurs de présents et d'une lettre priant Nicolas de lui accorder son pardon.

Pour expliquer cette distorsion populaire des faits, il convient de se souvenir que, selon les canons de l'art byzantin, les saints sont représentés plus grands que les autres hommes : les trois officiers furent alors considérés comme des enfants, qui auraient été victimes d'un boucher, qui les aurait découpés et salés. Par extension, la tour de prison aurait été considérée comme un « saloir » où l'on conservait la chair humaine que, sans états d'âme, l'on vendait ensuite à des aubergistes.

La pierre illustrant ce miracle se trouve à présent apposée sur la façade d'un bâtiment datant du XVIIe siècle. Il est probable, cependant, qu'elle ornait originellement une autre maison, appelée « Saint-Nicolas », dont l'existence est attestée dès 1564.

Dans le Rijksmuseum, ne manquez pas le célèbre tableau de Jan Steen sur la fête de saint Nicolas. Vous remarquerez sur la table au premier plan à droite des pièces d'or faisant allusion à la légende de saint Nicolas protecteur des jeunes filles célibataires.

Pour plus d'informations sur saint Nicolas et ses miracles, voir double page suivante.

Les miracles et les patronages de saint Nicolas

Parmi les saints du nom de Nicolas, le plus célèbre est l'archevêque de Myre (Anatolie), né vers 260 et mort le 6 décembre 345. On lui attribua en effet, de son vivant comme après sa mort, de très nombreux miracles, dont la tradition est demeurée vivace dans la culture populaire.

En premier lieu, alors qu'il n'était encore qu'un bébé, Nicolas se serait dressé sur ses jambes et tenu debout lors de son baptême. Plus tard, ayant hérité une confortable fortune de ses parents, il aurait sauvé l'honneur d'une famille désargentée en distribuant de l'or à trois jeunes filles que leur père avait forcé à se prostituer : selon la légende, elles purent alors se marier avec des hommes de leur rang.

On raconte également que la bonté de Nicolas profita aussi à sa cité de Myre, menacée de famine : apprenant que des bateaux chargés de grain mouillaient dans un port voisin, il aurait convaincu leurs armateurs de décharger une partie de leur cargaison, contre la promesse que leurs embarcations arriveraient à bon port. Or, lorsque les bateaux parvinrent à Constantinople, on mesura le grain transporté, et l'on s'aperçut que la part laissée à Myre s'était miraculeusement rajoutée au chargement... Nicolas aurait en outre sauvé des matelots lors d'une tempête survenue sur la côte de Lycie : apparaissant miraculeusement, il les aurait rassurés, aurait pris les commandes du navire et l'aurait mené à destination.

Après sa mort, le corps de Nicolas aurait sécrété une huile miraculeuse, qui l'aurait préservé de la putréfaction. En 1087, des marins de Bari (Italie) auraient emporté ses reliques qui, selon la tradition, suinteraient encore. L'hagiographie mentionne bien d'autres miracles : saint Nicolas serait notamment apparu à sainte Brigitte de Suède au XIVe siècle, aurait libéré des prisonniers détenus par les musulmans, et serait intervenu à plusieurs reprises pour sauver des navires et ressusciter des noyés.

Ainsi, grâce à ses miracles, saint Nicolas est-il devenu le patron, ou saint protecteur, de plusieurs corps de métiers et catégories sociales : outre les marins, les jeunes filles, les bouchers et les célibataires des deux sexes, saint Nicolas est aussi considéré comme le protecteur des écoliers et des enfants (s'agissant des enfants, la légende indique en effet qu'un boucher serait responsable de la découpe de trois adolescents : voir double page précédente. Saint Nicolas lui ayant pardonné, celui-ci serait devenu le « père Fouettard », accompagnant le saint lors de sa distribution de récompenses – ou de punitions –, chaque 5 décembre).

Enfin, la Russie tout entière, ainsi que la Lorraine et près de 150 villes, villages et universités ont souhaité se placer sous le patronage de saint Nicolas. Quant à Amsterdam, cité résolument protestante après l'Altération, elle ne put s'affranchir de la protection du saint tant ses miracles étaient populaires. Toutefois, afin que la désignation du personnage ne contrevienne pas aux principes calvinistes, le nom de « Sinterklaas » lui fut alors attribué.

CHAPELLE SECRÈTE DU PERROQUET

17

« Un quart d'heure pour Dieu »

Église Saint-Pierre-et-Saint-Paul
Papegaai Kapel, Kalverstraat 58
Deuxième entrée : Nieuwezijds Voorburgwal 293
020 623 18 89

Il est facile, si l'on ne prête pas attention à l'oiseau sculpté qui en orne la façade (voir ci-contre), de manquer l'entrée de l'ancienne « chapelle du Perroquet ».

La chapelle Saint-Joseph, de son nom officiel, a été construite par le père jésuite Augustus van Teylingen dans les jardins d'une maison qui appartenait, dit-on, à un vendeur d'oiseaux. La pierre de façade de cette maison était ornée d'un perroquet pour signaler l'échoppe qui y était installée. Au fond de l'église, dans le chœur, on remarquera d'ailleurs une sculpture polychrome sur bois de chêne représentant un perroquet, qui aurait été utilisé comme devanture dans la rue pour indiquer la boutique. Devant tant d'amour pour le volatile, le premier curé, Willem Willemart, lui donna finalement le surnom de chapelle du Perroquet. Construite en 1672, après l'Altération (voir page 13), la chapelle est à son origine une chapelle catholique secrète. Sa façade sur la rue est très étroite et ne laisse pas imaginer un bâtiment d'une telle ampleur à l'arrière.

En 1848, la chapelle fut entièrement remaniée dans un style néo-gothique par l'architecte G. Moele. On lui ajouta alors une entrée officielle dont on remarquera l'intéressante façade décorée de céramiques vernissées. Elle prit alors le nom d'église Saint-Pierre-et-Saint-Paul.

Suite à l'Altération, les églises catholiques durent recourir à des noms de code. Ces derniers pouvaient évoquer un perroquet comme ici ou un pigeon (dont l'église se trouve au Prinsengrach 756), un événement comme l'église du miracle (au sein du Béguinage), ou encore une allusion à la nature du bâtiment comme l'église dite Ons' Lieve Heer op Solder, dont le nom signifie « le bon dieu dans le grenier » et qui était dissimulé dans les combles de trois maisons privées (Oudezijds Voorburgwal 40).

NICHE DE LA COMMÉMORATION DU MIRACLE D'AMSTERDAM ⑱

Le miracle d'Amsterdam, à l'origine des armes de la couronne impériale

Kalverstraat 81
En face de l'entrée du Musée d'Amsterdam

Dans la Kalverstraat, au n° 81, une pierre a été scellée dans le mur, là où se trouvait autrefois la Chapelle sainte « Heilige Stede »,

construite en référence au miracle d'Amsterdam. Le 15 mars 1345, un miracle se produisit en effet chez la famille Dommer, qui habitait au coin de la Wijdekapel.

Monsieur Ijsbrand Dommer était très malade et avait fait appeler le pasteur pour qu'il lui administre les derniers sacrements. Celui-ci lui donna donc une dernière communion. Peu après, Ijsbrand vomit terriblement et sa femme jeta le tout dans le feu. Le lendemain matin, Ijsbrand avait trépassé, mais l'hostie blanche, elle, était toujours intacte au milieu des flammes, miraculeusement préservée. À l'endroit même, on construisit donc le « Heilige Stede », une chapelle qui accueillit de très nombreux pèlerins, et on donna le nom Heilige weg (« saint chemin ») à la route qui menait jusqu'à cette chapelle depuis Sloten, village devenu le quartier ouest d'Amsterdam. La rue entre la Kalverstraat et le Singel a conservé ce nom. 1489 marque une nouvelle étape dans l'histoire du miracle. La fille de Maximilien d'Autriche était très malade. Maximilien était depuis 1482, à la mort de sa femme, régent de son fils Philippe le Beau qui avait hérité des Pays-Bas. Dans une dernière tentative pour soigner cette jeune fille, Maximilien l'amena à Amsterdam, à la chapelle du Miracle.

Elle fut guérie et l'empereur, en remerciement, donna à la ville d'Amsterdam l'autorisation de faire figurer dans ses armes la couronne impériale. Certains prétendent cependant qu'il s'agit en réalité de la manifestation de sa gratitude suite à d'importants prêts financiers consentis par les Néerlandais auprès de la maison d'Autriche.

Après l'Altération (voir page 15), comme la chapelle était devenue protestante, les catholiques déplacèrent leur lieu de culte dans une église secrète au sein du Béguinage, où ils retracèrent l'histoire du miracle dans des vitraux et des peintures.

> Chaque année depuis 1598, en souvenir du miracle d'Amsterdam, une procession silencieuse a lieu au petit matin, le premier samedi après le 12 mars. Plusieurs milliers de pèlerins de toutes les confessions chrétiennes participent à cette procession qui commence et se termine à la pierre du n° 81.

TOMBE DE CORNELIA ARENTS ⑲

Enterrée dans le caniveau

À côté de l'église anglicane du Béguinage (entrée Spuistraat ou Gedempte Begijnensloot)
Merci de respecter le calme de ce lieu privé

Au nord de la petite église du Béguinage, non loin de la porte qui donne accès à la rue De gedempte sloot, on remarque un rectangle constitué de dalles de pierre au milieu des pavés : comme l'indique l'épitaphe scellée dans le muret voisin, il s'agit de la tombe de Cornelia Arents, supérieure des Béguines décédée le 14 octobre 1654. Si l'emplacement de cette sépulture a de quoi surprendre, il s'explique cependant par les tensions qui, à partir de l'Altération de 1578 (voir page 15), divisèrent les catholiques et les protestants d'Amsterdam. Ainsi, bien que le Béguinage ait été, depuis 1150, le lieu de résidence des femmes catholiques célibataires, l'église qui se trouve en son centre devint l'objet des convoitises des protestants : l'Église anglicane y installa son culte, chassant les catholiques qui furent dès lors contraints d'aménager une église secrète dans les maisons situées aux numéros 29 à 31 (aujourd'hui encore, cette église accueille un service catholique). Toutefois, depuis 1419, les Béguines étaient traditionnellement inhumées dans leur église. Si certaines acceptèrent que leur sépulture soit ménagée dans un lieu de culte désormais protestant, d'autres s'y opposèrent fermement : ce fut le cas de Cornelia Arents, qui déclara qu'elle préférait être « enterrée dans le caniveau » plutôt que dans une église protestante ! Lorsqu'elle mourut, le 14 octobre 1654, son vœu ne fut pas immédiatement exaucé, et une tombe provisoire fut aménagée dans le bâtiment. Ce n'est que le 2 mai de l'année suivante que son corps fut inhumé contre le mur extérieur de l'église. Enfin, lorsque ce mur, à une date indéterminée, nécessita des travaux, la tombe de la supérieure des Béguines fut encore déplacée de quelques mètres : ainsi, conformément à son souhait, sa dépouille repose-t-elle désormais « dans le caniveau », entre l'église anglicane et la pelouse voisine...

Chaque 2 mai, des fleurs sont encore déposées sur la tombe de Cornelia Arents, en hommage à cette femme de principe.

ABRAHAM

Promenade à la recherche des pierres de façade de la Bible

Au Moyen Âge, Amsterdam comptait 20 monastères : c'est dire à quel point la ferveur religieuse y était grande. On ne sera donc pas surpris de découvrir, encastrées dans de nombreux monuments de la ville, des pierres de façade illustrant des scènes bibliques. Le Béguinage constitue le point de départ idéal pour un circuit pédestre permettant de découvrir ces représentations. Beaucoup, cependant, ont été récupérées lors de la démolition des bâtiments sur lesquels elles se trouvaient à l'origine, et ont été rassemblées sur des façades plus récentes.

Ainsi, en pénétrant par le Spui, sur le mur situé à main gauche, découvrira-t-on une belle série de pierres, réunie en 1961.

De l'Ancien Testament, on reconnaîtra de haut en bas et de gauche à droite : le songe de Jacob (Gen. 28:11-19), Élie nourri par les corbeaux (Rois.17:4 - 6) datant de 1601, le sacrifice d'Abraham (Gen.22:10-13) et Daniel et ses compagnons jetés dans la fournaise (Dan.3:25). Du Nouveau Testament, un Jésus sauveur (In de Salvaeter) et une allégorie de la foi (Het Geloof), puis la fuite d'Égypte (Mat.2:12-15), ainsi que les disciples d'Emmaüs (Luc.24:15-35).

Au n° 19 du Béguinage, une pierre de façade monochrome illustre également la fuite d'Égypte.

En remontant vers le Dam, on remarque Moïse séparant les eaux (Nieuwezijds Voorburgwal 117), puis une autre fuite d'Égypte (Nieuwezijds Voorburgwal 29), et encore Élie nourri par les corbeaux (Dirk van Hasseltsteeg 51).

Plus loin, sur l'Oudekerk plein (derrière l'église Oude Kerk), se trouve un cartouche présentant l'Annonciation (Luc.1:26-38), datant de 1571.

La danse du Veau d'or (Ex. 32:19) se trouve sur Lange Niezel 25, et l'Arche de Noé sur le mur de l'Oudezijds Kolk.

En prenant la direction des grands canaux, sur le Langestraat 30, une pierre de façade représentant Job retient l'attention : l'inscription « D.G.I. » signifie en effet « de Gedulige Iob » (Job le maudit).

Plus loin, sur le Binnen Brouwersstraat 22, c'est la Pêche miraculeuse qui est représentée. Puis, en passant sur le Prinsengracht (aux n°s 159-171), une belle Arche de Noé polychrome mérite un arrêt.

Enfin, en continuant vers le nord du Jordaan, on remarque le roi David (Vinkenstraat 1), puis la Multiplication des pains au Binnen Dommersstraat 13-15.

BAS-RELIEF DE L'ANCIENNE PORTE DE LA PRISON SPINHUIS

20

Des prisonnières maltraitées

Spinhuissteeg 1

La prison Spinhuis (« maison du filage ») fut construite en 1597 sur le terrain situé entre les ruelles Spinhuissteeg et Korte Spinhuissteeg, où se trouvait jusqu'en 1578 le couvent Sainte-Ursule. Les femmes marginales, mendiantes ou prostituées, y étaient alors condamnées à filer la laine et à exécuter des travaux de couture. Moyennant une petite somme d'argent, le public pouvait prendre place derrière les barreaux de l'établissement pour observer les prisonnières au travail et se moquer d'elles. Le bâtiment fut reconstruit en 1645, suite à un incendie.

La porte donnant sur le Spinhuissteeg, attribuée à Hendrick de Keyser, est surmontée d'un tympan orné d'un bas-relief sur lequel une femme, son ouvrage sur les genoux, est fouettée avec un martinet. Le texte qui légende la scène, œuvre du célèbre poète du XVIIe siècle Pieter Corneliszoon Hooft, cherche à rassurer le passant : « Ne craignez pas ma vengeance, je m'oblige à être bonne. Je punis par ma main, mais mon âme est douce. » La Spinhuis héberge aujourd'hui la faculté des Sciences sociales et du Comportement.

Quand les voleurs, cloués par une oreille, ne pouvaient se libérer qu'en se l'arrachant

Aux XVIe et XVIIe siècles, les punitions infligées aux mendiants, imposteurs, voleurs et prostituées étaient extrêmement sévères : les criminels étaient alors placés dans une cage tournante pendant un quart d'heure, les prostituées exposées à la vindicte publique et les voleurs cloués à un mur par l'oreille. Ils ne pouvaient donc se libérer qu'en se l'arrachant... Le fouet, le marquage au fer rouge et la section d'une main faisaient également partie des châtiments de l'époque. Enfin, les mendiants et les vagabonds étaient généralement bannis de la ville, lorsqu'ils ne terminaient pas à la potence, située alors de l'autre côté de la rivière IJ, dans l'actuel quartier de Volewijck. C'est dans ce contexte que le théologien, savant et artiste Dirk Volkertsz Coornhert (1522-1590) écrivit en 1567 son traité intitulé *La Discipline du truand* (*Boeventucht*) : il y proposa que les prisonniers se consacrent à des tâches utiles pour la communauté, dans le cadre de maisons de correction, ou en les affectant à de grands travaux, notamment au creusement de canaux et à la construction de digues. Dans l'esprit de cette publication, deux établissements furent alors créés à Amsterdam : la Rasphuis, destinée aux prisonniers masculins, et la Spinhuis, réservée aux femmes.

Spaarndammerdijk
Oostzaanstraat
Zaanstraat
Spaarndammerstraat
Tasmanstraat
Van Diemenstraat
Barentszstraat
Houtmankade
Planciusstraat
Bickersstraat
Westerdok
Westerdoksdijk
Het IJ
Westerpark
Sloterdijkstraat
Haarlemmerweg
Haarlemmer Houttuinen
Haarlemmerdijk
Van Hogendorpstraat
Hallstraat
de Wittenkade
de Wittenstraat
Nassaukade
Marnixstr.
Palmgracht
Brouwersgracht
Willemsstraat
Goudsbloemstraat
Nieuwe Westerdokstraat
de Ruijterkade
Centraal Station
Haven
Prins Hendrikkade
Nieuwendijk
Spuistr.
Singel
Lijnbaangracht
Westerstraat
Anjeliersstraat
Tuinstraat
Egelantiersgracht
Prinsengracht
Keizersgracht
Herengracht
Leliegracht
Hogerbeetsstraat
Hendrikstraat
Marnixkade
Tweede Hugo de Grootstraat
Bloemgracht
Westerkerk
Rozengracht
Raadhuisstr.
Nieuwezijds Voorburgwal
Damrak
Oude Kerk
Nieuwe Kerk
Koninklijk Paleis
National Mon.
Frederik
Reestraat
Lauriergracht
Laurierstr.
De Clercqstraat
Rokin
Historisch Museum
Elandsgracht
Bilderdijkstraat
da Costakade
Huidenstraat
Bijbels-Museum
Spui
Allard Pierson Museum
Heiligeweg
Amstel
Kinkerstraat
Leidsegracht
Reguliersdwarsstraat
Leidsestraat
Spiegelstraat
Vijzelstraat
Fodor Museum
Van Loon Museum
Reguliersgracht
Eerste Constantijn Huygensstraat
Overtoom
Vondelstr.
Filmmuseum
Vondelpark
Nieuwe
Stadhouderskade
Rijks-Museum
Lijnbaangracht
Weteringschans
P. C. Hooftstraat
N
0 100 200 m
1 2 3 4 5 6 7 8 9 10 11 12 13 14 15 16 17 18 19 20 21 22 23 24 25 26 27 28 29 30

Grands canaux nord-ouest, Jordaan

PLAQUE DE VAN HUDDE

①

Un symbole de la lutte d'Amsterdam contre l'eau

Eenhoornsluis, Korte Prinsengracht

Johannes van Hudde, maire d'Amsterdam, a été le premier à s'intéresser aux difficultés rencontrées par les Amstellodamois face à l'eau : inondations et puanteurs des canaux. En 1683, il mit au point le calcul du NAP (voir page 120). Concrètement, il fit poser des plaques de marbre sur les huit principales écluses de la ville afin de suivre le niveau de l'eau.

On en trouve un bel exemple sur l'écluse Eenhoornsluis (« écluse de la Licorne ») qui sépare le Korte Prinsengracht de la rivière IJ et qui indique par un trait horizontal le niveau de la digue, à 2,676 mètres au-dessus du niveau de l'eau de la ville : « *Zee dyks hoogte, zynde negen voet vyf duym boven stadtspeyl* » (« Hauteur du Zeedijk, neuf pieds six pouces au-dessus du niveau de la ville »).

La plaque en marbre blanc mesure environ 50 centimètres de large et se situe sur le mur, au bout du battant de la porte noire de l'écluse, côté nord-est.

PIERRE DE FAÇADE DES DEUX POISSONS

②

Une évolution des pierres de façade

Brouwersgracht 162

Sur la maison du Brouwersgracht 162, deux poissons sont disposés en croix au-dessus de la porte d'entrée. Ils rappellent que cet entrepôt situé à l'angle du Korte Prinsengracht et du Brouwersgracht s'appelait auparavant « *De Twee Stokvissen* » (« Aux deux poissons séchés ») : à partir du XVIIe siècle, ce bâtiment fut occupé par des poissonniers vendant notamment de la morue séchée importée de Norvège. De 1821 à 1971, la société A. Smit & Zoon y perpétua le commerce des poissons séchés, ainsi que de l'huile de foie de morue.

Ce type de décor, inséré dans les fenêtres surplombant les portes d'entrée, date du début du XVIIe siècle, et connut son apogée au début du XVIIIe. C'est en effet à cette époque que se répandit le plan type comportant une entrée donnant sur un couloir, qu'on souhaitait lumineux : ainsi une scène sur bois ou en ferronnerie remplaçait-elle avantageusement une pierre de façade.

DISTILLERIE DE LA CIGOGNE

③

Organisez une dégustation privée

De Ooievaar, Driehoekstraat 10
020 626 77 52
Organisation de dégustation sur demande

La distillerie de la Cigogne (« *De Ooievaar* »), succursale de la firme van Wees de La Haye, fut fondée en 1883 dans le Jordaan pour distiller du genièvre, de la liqueur et de l'eau-de-vie. Sur demande, il est possible d'y organiser des dégustations.

Les Néerlandais furent les premiers à réaliser d'excellentes boissons distillées à partir de produits agricoles. Au XVIIe siècle, les distillats néerlandais, à l'origine du cognac (voir page 18), du cointreau, du gin et même du rhum, étaient connus dans le monde entier. Ces boissons généraient un commerce profitable vers de nombreux pays dans le monde, d'où l'importance des maisons qui les produisaient.

En rentrant dans la Driehoekstraat par le Palmgracht, on remarque que la distillerie héberge des bouilloires en cuivre, visibles de la rue. On y distille toujours des liqueurs, les plus originales comme les plus classiques, dont le genièvre, toujours très apprécié des Néerlandais. Un stock de 80 000 litres est encore entreposé dans cette maison.

Un peu plus loin, à gauche au coin du Palmgracht, se trouve un café où vous pourrez faire une dégustation en choisissant parmi seize variétés de genièvre et une soixantaine d'autres liqueurs. Leurs noms, même s'ils sont encore populaires, sont un rappel du passé : « Les Garçons des champs », « Les Filles des champs », « Ne m'oublie pas », « Bonheur absolu » et « Les Larmes de la mariée ».

La maison van Wees tient son propre local de dégustation sur le Herengracht 319.

Pourquoi la cigogne ?

Le commerce, chez les Hollandais, étant toujours tourné vers l'international, il était plus facile de faire connaître sa marque par un dessin que par un texte difficile à traduire dans toutes les langues du monde. Le choix d'un animal rendait ce dessin plus facile à retenir. Étant originaire de La Haye, l'entreprise a choisi la cigogne, cet animal étant présent dans les armes de la ville. Deux pierres de façade dans la rue Driehoekstraat montrent que du genièvre y était autrefois distillé : au n° 10, on voit un tonneau et un outil de tonnelier, et sur la pierre de façade au n° 14 est représentée une distillerie.

BOSSCHEHOFJE ET RAEPHOFJE ④

Un témoignage vivant de la cohabitation de deux religions

Palmgracht 28
Lieu privé presque toujours ouvert en semaine
Merci de respecter le calme de ce lieu

Les deux hofjes contigus que sont les Bosschehofje (fondé en 1648 par Arent Dirkz Bosch, un riche négociant en grains, au profit des femmes protestantes réformées) et le Raephofje constituent un petit coin de tranquillité unique en plein cœur d'Amsterdam. L'un protestant réformé, l'autre mennonite, ils forment un témoignage vivant de la cohabitations des différentes confessions chrétiennes dans le pays.

Pour pénétrer dans ces deux hofjes contigus, il faut emprunter la porte située sur Palmgracht. Il est plus intéressant de passer d'abord par le Raephofje, soit la porte de droite, et de traverser ensuite le préau qui vous sépare de la porte d'entrée du Bosschehofje.

Le grand préau intérieur a été coupé en deux pendant près de 300 ans par une clôture, puis par une haie de charmilles. À l'image de cette séparation, ce n'est que depuis peu que l'on peut observer le rapprochement entre les religions protestantes. À l'autre bout du préau, on trouve un chemin vers le Bosschehof, côté Palmgracht.

Après la guerre, ces petites habitations étaient devenues insalubres : elles furent rénovées en 1952 et 1953.

Aujourd'hui, quatre femmes vivent encore ici dans deux appartements à l'étage et deux autres au rez-de-chaussée. Les fenêtres ont conservé leur apparence du XVIIIe siècle avec leurs montants à petits carreaux, dont on compte plus de 110 pièces.

En sortant par le Raephofje, notez au-dessus de la porte la pierre de façade ornée d'un beau rutabaga (*raep* en néerlandais), des initiales et des armes de Pieter Adriaenszoon Raep, le bienfaiteur de ce hofje.

Sur la place du Dam, à côté de l'hôtel *Krasnapolsky*, se trouve un joli petit immeuble du XVIIe siècle reconnaissable à son beau pignon Renaissance. En regardant bien au-dessus de la fenêtre du grenier, on remarque une pierre sculptée représentant un rutabaga ou *raep*. Cette maison s'appelait à l'origine « 's Hertogenbosch » du nom de la ville de Bois-le-Duc d'où venait probablement son premier propriétaire, à qui Pieter Adriaenszoon Raep l'avait rachetée. La location de cette maison, d'une valeur de 200 florins par an, était suffisante pour assurer les frais d'entretien du Raepenhofje.

Qu'est-ce qu'un hofje ?

Les « hofjes » (béguinages) sont littéralement de petites cours intérieures autour d'un ensemble de maisons, très souvent construites sur un plan en U, avec un jardin intérieur et une porte qui permet de surveiller les allées et venues. Ce sont des institutions financées par des fonds privés, à la frontière entre couvent et hospice, qui se sont fortement développées à partir du XIIe siècle dans le nord de l'Europe. Elles sont particulièrement nombreuses aux Pays-Bas, notamment à Leiden, Haarlem et Amsterdam où elles se sont développées aux XVIIe et XVIIIe siècles, souvent à destination des femmes seules, pour qui veuvage rimait avec pauvreté. D'autres pouvaient être réservées à des retraités, comme celle commandée par M. Deutz pour son personnel. Dans le système de République des Pays-Bas, l'Église ne jouait pas un grand rôle : les familles riches prenaient à leur charge le soin des pauvres. Aussi faisaient-elles souvent construire un hofje dans un souci de charité, ce qui leur permettait également de faire passer leur nom à la postérité. La motivation était d'autant plus grande si le couple n'avait pas d'enfant ou ne s'entendait pas avec son gendre ou sa bru. La famille nommait alors un cousin ou une cousine comme régent. À Amsterdam, beaucoup de régents sont encore des descendants directs des bienfaiteurs. En principe, le bienfaiteur d'un hofje s'occupait aussi de l'entretien. Il pouvait faire une donation à Noël ou à l'occasion du jour de sa fête sous forme de tourbe pour le chauffage ou de fromage. Le hofje était aussi souvent rattaché à la communauté religieuse du donateur. Après l'Altération de 1578, les catholiques et anabaptistes furent tolérés si leur pratique ne se voyait pas de l'extérieur, ce qui explique pourquoi des chapelles furent construites au sein des hofjes. Il fallait suivre de nombreuses règles pour pouvoir y vivre : les régents imposaient une ligne de conduite irréprochable, notamment en allant à l'église, en ne buvant pas et en demandant aux occupants du hofje de prier pour eux… Au béguinage, il était même interdit pour les béguines de recevoir des hommes âgés de plus de 5 ans, même un frère, sans laisser la porte ouverte. En compensation, les habitants étaient généralement logés gratuitement et recevaient bien souvent une aide financière pour subvenir à leurs besoins ou un don en nature. Faute de moyens financiers, la plupart des hofjes ont été repris par des organisations religieuses. Les régents sont toujours présents et maintiennent leurs efforts pour en assurer la pérennité. Ces 25 dernières années, de nombreux hofjes ont été restaurés et modernisés. Les portes des hofjes sont ouvertes dans la journée. Poussez-les pour en admirer la beauté tout en respectant leur tranquillité.

BOUCHE D'ADDUCTION D'EAU DU NOORDERMARKT

5

L'emplacement d'un réservoir souterrain oublié

Noordermarkt

En arpentant le Noordermarkt, on ne remarque guère la borne métallique peinte en vert, à demi rongée par la rouille, qui évoque un plot destiné à interdire le stationnement. Il s'agit pourtant d'une ancienne bouche d'adduction d'eau, qui révèle l'emplacement d'un vaste réservoir souterrain.

L'approvisionnement d'Amsterdam en eau douce a longtemps posé de grandes difficultés : lorsque l'eau potable provenait de la rivière Vecht, il était nécessaire de constituer des réserves pour faire face aux périodes de grand froid, pendant lesquelles le cours d'eau gelait. Évidemment, les citernes à eau de pluie qui équipaient certaines maisons ne pouvaient satisfaire l'ensemble des besoins de la ville.

Aussi le conseil municipal décida-t-il en 1789 de créer des « caves à eau » (*waterkelders*). Ces grands réservoirs souterrains, généralement composés de plusieurs compartiments reliés entre eux, étaient rendus étanches par d'épais murs de brique, afin de prévenir les fuites et les infiltrations. En surface, des puits d'accès, fermés par des dalles de pierre ou des bouches d'adduction en métal, permettaient de soutirer l'eau. Ce système, construit entre 1790 et 1824, comprenait 33 réservoirs répartis dans toute la ville, certains d'entre eux pouvant contenir jusqu'à 200 mètres cubes d'eau potable. La plupart de ces citernes étaient louées à des organisations privées qui géraient l'approvisionnement d'Amsterdam en eau douce. Elles s'engageaient à les remplir chaque année avant le 1er novembre, en utilisant l'eau de la rivière. La ville embauchait alors des goûteurs d'eau pour en vérifier la qualité.

À partir de la seconde moitié du XIXe siècle, le réseau d'adduction d'eau des dunes remplaça avantageusement le recours à ces citernes, dont on oublia alors jusqu'à l'existence. Et ce n'est qu'au hasard de travaux menés sur les fondations des maisons que l'on a retrouvé la trace de quelques-unes de ces installations souterraines : ainsi, en 1972, deux réservoirs de 100 à 200 mètres cubes, datant de 1794 et 1806, ont été découverts sous le Weesperplein. D'autres ont été mis au jour à la hauteur des nos 24 et 92 du Nieuwe Keizersgracht, ainsi qu'au no 58 du Hoogtekadijk.

> La serre du Jardin botanique est également dotée de réserves d'eau souterraines. L'eau contenue dans ces neuf citernes, cependant, n'est utilisée que pour l'arrosage.

PIERRE DE FAÇADE DU NAVIRE, DES DEUX HOMMES ET DU CHIEN ⑥

Histoire du sceau de la ville

Karthuizerhof
Karthuizersstraat 21-131
Entrée au niveau du n° 89

Sur la façade du Karthuizerhof, une pierre de façade représentant une embarcation attire le regard. En effet, la légende raconte qu'aux environs de 1150, lors d'une tempête sur la Zuiderzee, deux hommes se trouvaient perdus dans un bateau à la dérive avec un chien. Dans sa détresse, l'un des hommes fit le serment que s'il était sauvé, il fonderait une ville là où son chien l'emmènerait. C'est comme cela qu'ils se retrouvèrent à l'embouchure de l'Amstel, où ils construisirent un barrage (*dam*).

Les fondations de la ville d'Amsterdam étaient posées. Un siècle plus tard, en 1275, Guy van Henegouwen, évêque d'Utrecht, donna à Amsterdam son statut de ville. Celle-ci choisit comme sceau un navire du Moyen Âge qui se trouvait dans les armes des ports de Harderwijk, Stavoren et Medemblik.

Sur le mât, on aperçoit un lion, arme de la famille Henegouwen, signe que la ville d'Amsterdam s'était développée sur les terres de cette famille. Dans le navire se tiennent deux hommes : l'un porte un drapeau avec les armes d'Amsterdam et les trois croix de saint André, et l'autre une épée et un bouclier aux armes de la famille Henegouwen avec quatre lions. Entre eux se trouve le chien.

AUX ALENTOURS

Pierre de façade « plus jamais » ⑦

Sur le canal du Prinsengracht, au nº 9, une pierre de façade mentionne « *Nooit weer* » (« Plus jamais »). Datant de 1976, cette pierre a été offerte au propriétaire de la maison par l'entrepreneur qui l'a rénovée en souvenir du chantier particulièrement difficile.

Limites de l'ancien cimetière de l'église du Nord ⑧

Noordermarkt 48

Devant l'église du Nord (Noorderkerk), l'espace matérialisé au sol est utilisé par les enfants du quartier comme limite de leur terrain de jeu. Il s'agit en fait des limites de l'ancien cimetière de l'église.

> Les cimetières ont tous disparu à Amsterdam dans le centre-ville. En raison du manque de place, on a enlevé tous les ornements des tombes et réutilisé ces espaces comme lieux publics. Il est cependant interdit d'y construire.

KARTHUIZERHOF

⑨

Le plus grand hofje du Jordaan

Karthuizersstraat 21-131
Entrée au niveau du n° 89

Le Karthuizerhof (hofje des Chartreux) n'a aujourd'hui plus rien en commun avec le couvent des Chartreuses. Ce dernier avait été fondé en 1394, à l'extérieur de la ville du Moyen Âge, au niveau de l'actuelle Goudsbloemstraat. Pillé et détruit en 1572, il fut abandonné et tomba en ruine.

En rentrant dans le hofje, qui est le plus grand d'Amsterdam, on remarque sur le fronton au-dessus de la porte les noms des familles Keizerrijk, Boogert, Peereboom, Vijfvliegen et Opmeer en Vegters.

À cette époque, les hofjes étaient en effet financés soit entièrement par une famille, soit par l'organisation des « Huiszitten-meesters », qui faisaient alors office d'assistance publique municipale et fonctionnaient grâce à des dons privés. La construction du hofje des Chartreux fut décidée suite à la vente d'une série de maisons reçues par l'organisation, qui rendit hommage aux donateurs en inscrivant leurs noms sur le bâtiment.

Au-dessus des deux portes du hofje, à droite, on peut voir les trois croix de saint André (les armes de la ville d'Amsterdam), symbolisant l'engagement de la ville face à la pierre de façade représentant un navire avec les deux hommes et le chien (voir double page précédente).

Le plan fut confié à l'architecte de la ville Daniel Stalpaert : en 1651, les portes du « *Huiszitten-weduwehof* » (« maison pour veuves »)

© Wenckebach, L.W.R., Public domain, via Wikimedia Commons

109
111

s'ouvrirent à 110 femmes, dont certaines furent accueillies avec leurs enfants.

Le hofje fut construit autour de deux parterres, utilisés pour le blanchiment du linge, et deux grosses pompes. L'eau sort de robinets en cuivre en forme de dauphin, symbole souvent utilisé pour l'eau vive.

Dans les coins du hofje, des portes cachent les « secrets », surnom néerlandais des toilettes. Les paliers derrière les portes d'entrée sont tellement petits que les portes sont dotées de charnières centrales pour en permettre l'accès. En quittant le hofje, côté rue, on remarque les étendoirs à linge datant de l'époque de la construction.

Dans les années 1970, ces logements, restés très précaires, furent délaissés par les personnes âgées. Ils accueillirent alors des locataires très divers.

Ce n'est qu'en 1986 que la Woningbedrijf Amsterdam (organisme public du logement) restaura le hofje. Les greniers à tourbe furent transformés en surface d'habitation, créant ainsi des appartements de deux ou trois pièces.

En face du Karthuizerhof se trouve une grande aire de jeu. Elle occupe les lieux de l'ancien cimetière du cloître.

MUSÉE DE L'ORGUE DE BARBARIE G. PERLEE

⑩

Le témoin d'une époque révolue

Westerstraat 119
020 624 93 10
Visite sur demande

Caché dans un grand entrepôt du Jordaan, l'atelier de la famille de Gijs Perlee fabrique, entretient et restaure des orgues de Barbarie depuis cinq générations. C'est en 1932 que l'entreprise familiale fut créée par Léon Warnies et Gijs Perlee sous le nom de Perlee. Des descendants des deux familles y travaillent encore, continuant même à composer de la musique en créant de nouveaux cartons perforés. Ce sont les derniers à maîtriser ce savoir-faire aux Pays-Bas, et leurs instruments sont expédiés partout dans le monde.

À la différence d'un orgue classique, l'orgue de Barbarie est un instrument qui produit de la musique automatiquement. À l'origine, comme dans les petites boîtes à musique, le joueur d'orgue actionnait une grande roue pour faire tourner le cylindre. En 1892 apparurent les cartes perforées en carton, qui se replient sur elles-mêmes en zigzag. Plus faciles à stocker, elles permettaient aussi de jouer des morceaux de musique plus longs. La musique pour orgue de Barbarie connut son apogée dans les années 1920, avec des compositeurs tels que le Néerlandais Piet Maas et l'Allemand Carl Frei. Avec la crise des années 1930, les commandes diminuèrent et après la guerre, seul Gijs Perlee fils continua à composer de nouvelles partitions pour les orgues de Barbarie. Bien que l'orgue de Barbarie soit originaire d'Italie, les Pays-Bas ont développé une longue tradition autour de cet instrument : dans les années 1920, une trentaine d'orgues étaient promenés dans les rues d'Amsterdam et jouaient des mélodies et opérettes populaires invitant les gens à la danse. Sur le devant de l'orgue, des marionnettes s'animaient automatiquement, actionnant en rythme un tambour ou une cymbale, pour la plus grande fascination des petits. Pour le remercier, on jetait à l'organiste quelques pièces, qu'on prenait soin d'entourer dans du papier quand elles étaient lancées depuis les étages des immeubles. Après la Libération, le développement du gramophone et de la radio, qui permettaient à chacun d'avoir de la musique chez soi, ainsi que l'apparition du juke-box américain, signèrent l'arrêt de la carrière de l'orgue dans les lieux publics.

Il est possible de louer un orgue de Barbarie à la journée, avec un organiste.

La différence entre l'orgue de Barbarie et le pianola

L'orgue de Barbarie est une grosse boîte avec une manivelle et un interstice pour « avaler » le papier à trou. Le pianola est un vrai piano avec un petit endroit pour avaler le papier à trous. Il s'agit donc d'un piano jouant automatiquement.

ANSLO OU CLAES CLAESZ. HOFJE ⑪

Deux noms pour deux époques

Eerste Egelantiersdwarsstraat 1-5
Accessible en passant par la porte à droite du restaurant voisin
Merci de respecter le calme de ce lieu

Le hofje Anslo est l'un plus vieux hofjes d'Amsterdam et doit sa conservation autant que son agrandissement à des particuliers amoureux des monuments historiques. C'est une belle illustration de ces petits havres de paix, financés par des personnes ayant fait fortune au XVIIe siècle, et qui ont réussi à traverser les siècles.

En rentrant par la porte à droite du restaurant, on arrive dans ce qui était le hofje Anslo à l'origine. On remarque au-dessus de la porte d'entrée la pierre de façade représentant les armes de la famille et l'inscription « Anslo's Hofje ».

En 1615, le riche drapier anabaptiste Claes Claeszoon Anslo et sa femme Geert Jans décidèrent de construire un hofje. Il était composé de trois maisons situées derrière un petit jardin, et accueillait gratuitement des personnes âgées.

À droite se trouve l'ancien « Zwaardvegershofje » ou hofje des fourbisseurs, en lien avec les fabricants d'épées qui se tenaient dans ce quartier. Il avait une entrée sur la Tuinstraat qui n'a pas été conservée.

L'ensemble de ces deux hofjes fut renommé Claes Claesz., du nom de l'association qui entreprit la restauration des bâtiments au début des années 1970. Elle permit de créer 60 logements qui accueillirent des élèves du conservatoire, puis des étudiants de l'académie des Beaux-Arts.

Dans le hofje Anslo, on remarque aussi, à droite, deux portes qui menaient aux toilettes. S'y trouve aussi une jolie fontaine avec une tête de lion au-dessus de laquelle est fixée une plaque.

Lors de la restauration de mai 1968, l'architecte G. Prins a découvert qu'il y avait encore des lits clos dans les chambres. Il choisit de les conserver, mais les fit rallonger car ils ne mesuraient que 1,60 mètre de long.

AUX ALENTOURS

Pierre de façade de « la main qui écrit » (12)

Sur la Egelantiersstraat, au n° 52, on découvre une belle pierre de façade dite de « la main qui écrit ». Elle fait référence au maître d'école Hendrick Wient, qui habitait à cet endroit au XVIIe siècle et jouait aussi le rôle d'écrivain public.

HOFJE SAINT-ANDRE

⑬

Le deuxième plus vieux hofje d'Amsterdam après le Béguinage

Sint Andrieshofje - Egelantiersgracht 137-145
Lieu privé, accessible aux heures d'ouverture au public
Merci de respecter le calme de ce lieu

Nul besoin d'utiliser l'interphone moderne pour découvrir ce bel endroit : il suffit de pousser la porte qui donne accès à la cour carrée par un couloir décoré de délicates faïences.

Le hofje Saint-André a été fondé grâce au legs d'un riche commerçant en bestiaux, catholique et célibataire, Jeff Gerritsen. En 1614, son exécuteur testamentaire et neveu Jan Jacobszoon Oly acheta une grande parcelle de terre sur le canal Eglantiersgracht pour y construire un hofje qui fut achevé en 1617, ce qui en fait l'un des plus vieux d'Amsterdam. On lui donna le nom de Saint-André, nom de la maison où habitait Jan Jacobszoon Oly. Depuis 1699, le hofje Saint-André est géré par le Béguinage, selon la volonté de la dernière descendante de la famille, Anna de Magistris, qui finit ses jours au Béguinage et stipula qu'à sa mort, le hofje reviendrait à cette institution. Le hofje a beaucoup changé au cours de ces trois siècles : l'entrée fut rénovée au début du XXe siècle avec de jolies faïences. Dans les années 1970, une grande rénovation permit de transformer les 36 petites habitations en 22 logements au confort moderne, toujours attribués à des femmes seules entre 30 et 70 ans.

Les traces du temps n'ont cependant pas toutes été effacées : on remarquera sur la droite la forme surprenante des portes qui permet de juger de l'inclinaison prise par le bâtiment au cours des siècles.

La pierre de façade « du sauveur »

À l'intérieur du hofje Saint-André, à gauche, une jolie pierre de façade, qui marquait autrefois l'entrée du hofje, représente un Christ rédempteur. Le hofje ayant été construit après l'Altération, la pierre de façade ne représente pas saint André, les saints n'étant pas révérés dans le protestantisme. De même, la chapelle a été construite en 1623 au sein du hofje pour permettre à ces femmes catholiques d'exercer leur culte en secret. Cette pierre est inspirée d'une gravure de Karel van Mander qui réalisa en 1592 une série de 14 gravures sur des sujets religieux. En 1604, il écrivit aussi un livre de théorie sur la peinture qui lui valut une grande célébrité. On peut aussi admirer un bel exemple de pierre de façade sur le thème du Christ rédempteur dans le Béguinage, à gauche de la maison en bois.

PIERRE DE FAÇADE DE LA WEST-INDISCHE COMPAGNIE ⑭

Un souvenir des exploits de la W.I.C.

Rozenstraat 144

Au n° 144 de la Rozenstraat, une pierre de façade figure quatre navires cinglant vers une tour fortifiée dont les canons projettent des panaches de fumée. La légende de la scène, « BAYA D TODOS OS SANCTOS », indique qu'il s'agit là d'une représentation de la bataille que livra la flotte de la W.I.C. (voir ci-contre) dans la baie de Tous les Saints, à Salvador de Bahia (Brésil) : sous le commandement de l'amiral Jacob Willekens, les Hollandais y défirent les Portugais en juin 1624. À Amsterdam, la popularité de cette victoire incita l'éditeur Claes Janszoon Visscher à en publier un compte-rendu illustré, dont s'inspira le sculpteur de cette pierre de façade.

La West-Indische Compagnie (W.I.C.)

Fondée en 1621 sur un modèle semblable à celui de la V.O.C. (voir page 20), la Compagnie des Indes occidentales (West-Indische Compagnie, ou W.I.C.) était une société de marchands néerlandais disposant du monopole du commerce à destination de l'ouest. Les zones concernées englobaient l'Afrique de l'Ouest et l'Amérique, incluant l'océan Pacifique et la partie orientale de la Nouvelle-Guinée.
La W.I.C. pratiquait le commerce triangulaire : ses navires se rendaient sur les côtes africaines pour troquer des marchandises contre des esclaves, ceux-ci étant ensuite échangés en Amérique contre des produits précieux (fourrures, sucre, tabac, or, etc.), que la compagnie rapportait alors en Europe. Elle se livrait aussi à la piraterie, attaquant régulièrement les vaisseaux espagnols jusqu'aux traités de Westphalie (1648), qui instaurèrent la paix entre les Provinces-Unies et l'Espagne.
La compagnie possédait cinq bureaux, situés à Amsterdam, Middelbourg, Hoorn, Rotterdam et Groningue, qui se répartissaient le financement des expéditions. Son conseil d'administration comptait 19 membres, désignés sous le nom de « Heeren XIX » (les « dix-neuf messieurs »). Après 1657, ceux-ci se réunissaient quotidiennement dans un entrepôt datant de 1641 (représenté ci-dessous), qui se trouve entre la Peperstraat et s'Gravenhekje, au coin du Prins Hendrikkade.

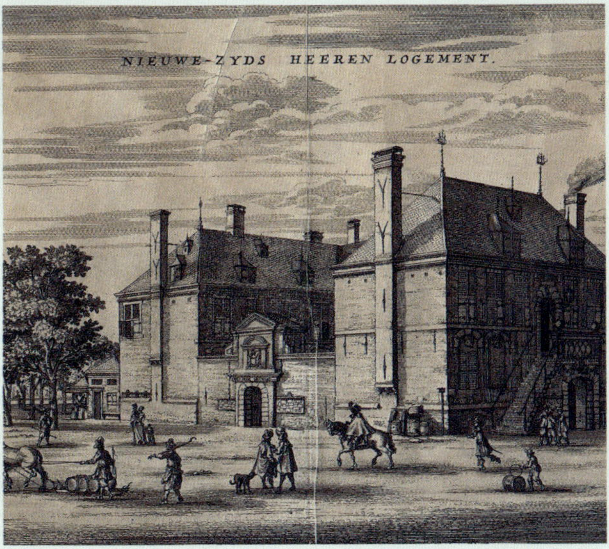

LES PIERRES DE FAÇADE DU CAMBRIOLEUR

⑮

Mais où est donc caché le trésor de Sjako ?

Elandsgracht 73

Le 15 octobre 1999 ont été inaugurées deux pierres de façade sur l'immeuble du Elandsgracht, au n° 73, en souvenir du bandit, voleur et cambrioleur amstellodamois Jacob Frederik Muller, d'origine allemande, qui vécut au XVIIIe siècle et était connu sous le nom de « Sjako » ou « Jaco ».

Dès l'âge de 25 ans, en 1714, celui-ci tomba aux mains de la justice et fut condamné à 25 ans d'emprisonnement. Pour éviter qu'il ne s'évade, on lui fit porter une sorte de plastron en bois, dans lequel sa main gauche était prisonnière. Il réussit néanmoins à s'évader et se réfugia dans ces anciens entrepôts du Elandsgracht qui prirent le nom de « fort de Sjako ». Il fut à nouveau arrêté et décapité sur l'échafaud sur la place du Nieuwmarkt en 1718.

Sur la première pierre de façade est représenté le fort et sur l'autre Sjako lui-même, dessins qui sont inspirés d'une peinture se trouvant au Musée d'Amsterdam, même s'il n'est pas prouvé que Sjako ait vraiment habité à cet endroit. Sjako était un personnage aimé des Néerlandais : un peu comme Robin des Bois, il volait les riches pour redistribuer aux pauvres.

De nombreux écrivains néerlandais ont revisité cette légende, avec la question : « Mais où est donc caché le trésor de Sjako ? ».

MAISON GISÈLE

(16)

« Un abri incroyable pour les victimes de la terreur nazie »

Herengracht 401
Entrée côté Beulingstraat
020-6235287
mail@401.org
Visite guidée sur demande

« Un abri incroyable pour les victimes de la terreur nazie » (« Ze bood onbaatzuchtig onderdak aan vervolgden van de naziterreur ») peut-on lire sur une plaque en cuivre sur la façade de la maison du Herengracht au n° 401. Pendant la Seconde Guerre mondiale, cette maison possédait en effet une cachette très originale dans une sorte de piano.

Peu avant la guerre, l'artiste Gisèle van Waterschoot van der Gracht (1912-2013) loue un petit appartement au troisième étage. Quand la guerre éclate, elle y accueille d'abord le poète allemand Wolfgang Frommel (1902-1986) et, plus tard, Friedrich W. Buri, un professeur et écrivain juif de 23 ans ainsi que Claus Bock, un autre juif allemand de seulement 17 ans.

L'un des abris où pouvaient se dissimuler ces juifs était un pianola, un gros instrument ayant les fonctions d'un piano mais également un système pneumatique qui permettait de jouer des morceaux enregistrés sur des rouleaux de papier à trous, comme un orgue de Barbarie. Pour aménager la cachette, les propriétaires avaient ôté le système du pianola, laissant ainsi un espace creux derrière le volet. Les voisins de palier de Gisèle, le couple Miep et Guido Theunissen, ont également aidé à cacher les réfugiés.

Ces derniers fondèrent un cercle d'art et de littérature. Ils nommèrent leur refuge le « Castrum Peregrini » (« forteresse du pèlerin »). C'est en grande partie grâce à Gisèle, férue d'art, qu'ils purent survivre à la guerre. Elle reçut pour cela le prix Yad Vashem en 1998.

Au début des années 1950, Gisèle acheta l'intégralité de la maison, dont elle fit don à la fondation éponyme. Elle épousa l'ancien maire Arnold d'Ailly (1902-1967) en 1959 et vécut dans le bâtiment jusqu'à sa mort.

On peut aujourd'hui visiter le lieu : la société d'art « Castrum Peregrini » organise des expositions, des conférences et des débats. La maison elle-même se visite aussi : on y découvre les différentes étapes de son histoire et son lien avec la société d'aujourd'hui, le «Intellectual Playground», un groupe de réflexion rassemblant au niveau international des philosophes, des politologues et des écrivains.

LA MAISON À LA CHAÎNE D'OR

⑰

Une petite chaîne pleine de symboles

Keizersgracht 268

Au n° 268 du Keizersgracht, une discrète chaîne en or suspendue à une barre métallique interpelle le passant qui aura eu la curiosité de lever la tête à cet endroit précis. Selon une première théorie, la maîtresse de maison, ne trouvant plus sa chaîne en or, accusa sa femme de chambre de vol. Ayant retrouvé la chaîne un peu plus tard, et se rendant compte qu'elle l'avait blâmée à tort, elle accrocha la chaîne devant la maison pour innocenter publiquement son employée.

La deuxième histoire raconte qu'une domestique, restée seule dans la maison un soir, aurait démasqué un cambrioleur déguisé en vieille femme en raison de sa barbe mal rasée. Faisant preuve de bravoure, la jeune femme aurait tué le cambrioleur. Le maître de maison aurait offert une chaîne en or à cette femme courageuse pour la remercier. Mais la récompense fut jugée trop chiche. La domestique râleuse aurait été congédiée et son maître aurait accroché la chaîne au-dessus de la porte pour afficher aux yeux de tous l'ingratitude dont il avait été victime.

La troisième histoire, qui est probablement la vraie, remonte à 1620. Le propriétaire de la maison et marchand Eliseus Harrel aurait fait venir d'Aix-la-Chapelle le reste de ses biens. Le convoi, scellé par une chaîne d'or, étant arrivé à destination sans encombre, le propriétaire aurait utilisé cette chaîne pour décorer la façade de sa maison.

En 1999, lors des travaux de rénovation, la maison s'est écroulée et a été reconstruite à l'identique. La chaîne en or continue à décorer la façade et conserve son mystère.

AUX ALENTOURS

Pierre de façade du dinandier (18)

Eerste Rozendwarsstraat 13

Cette belle pierre de façade arbore un chandelier dont les bougeoirs sont distribués sur deux étages ainsi que la mention « de kerk kroon », soit « la couronne d'église ». Cette pierre marquait la maison de Jan Engeringh, dinandier, qui travaillait le cuivre pour en faire des chandeliers pour les églises. La maison date de 1725 et la pierre de façade a été restaurée en 2000. Le chandelier a été redoré à la feuille d'or.

LANTERNES « À COURONNE » ⑲

Des vestiges de l'éclairage public au gaz

Originales sur le Dam
Copies sur les places Westermarkt, Herenmarkt, Falckstraat et sur le Prinsengracht au niveau du Leidsegracht

Sur le Dam, devant le Palais, trois lampadaires méritent un détour. Il s'agit en effet des trois dernières lanternes « à couronne » originales, datant de 1883 : celles-ci, constituées d'un poteau en fonte supportant une lanterne carrée coiffée de la couronne de Maximilien d'Autriche, datent de l'époque à laquelle les réverbères d'Amsterdam fonctionnaient au gaz.

Aux Pays-Bas, on doit les prémisses de l'éclairage public à Jan van der Heyden (1637-1712), qui inventa en 1669 les premières lanternes de rue : il s'agissait de pieux en chêne de trois mètres de haut, au sommet desquels étaient fixées des lanternes en cuivre et verre, de section carrée. L'une des quatre vitres de ces lanternes pouvait s'ouvrir, afin de permettre le remplissage (on y brûlait alors un mélange de betterave et d'huile de lin), l'allumage et le nettoyage de ces dispositifs.

Quant à l'éclairage au gaz, il fut découvert en 1780 par Jan Pieter Minckelers. Il fallut cependant attendre 1820 pour que l'utilisation de ce dangereux combustible soit maîtrisée.

Enfin, l'électricité remplaça le gaz dans l'éclairage des rues d'Amsterdam à partir de 1917. Les lanternes « à couronne » furent alors progressivement supprimées, à trois exceptions près...

L'élégance de ces lampadaires, toutefois, a récemment incité la municipalité à en réaliser des copies fonctionnant à l'électricité : depuis 2008, Amsterdam réinstalle ainsi progressivement 1750 réverbères « à couronne », autour des grands canaux et de l'Amstel.

Les débuts de l'éclairage public en Europe

L'abbé italien Laudati de Caraffa eut le premier l'idée d'organiser l'éclairage de nuit : en 1662, il obtint l'autorisation d'établir à Paris et dans toutes les autres villes de France un service payant de porteurs de flambeaux pour accompagner les passants qui le souhaitaient. La réussite de cette initiative en matière de sécurité intéressa Louis XIV qui, à partir de 1667, fit installer des lanternes à huile à Paris, puis dans les principales cités du royaume. Elles furent remplacées à partir de 1766 par des réverbères à huile, puis à gaz à partir de 1799, grâce à la technique mise au point par Philippe Lebon. À Berlin, l'invention de Jan van der Heyden (voir ci-dessus) connut le succès dès 1682, avec l'installation de 1600 réverbères. Enfin, à Londres, l'éclairage urbain se développa à partir de 1792, grâce aux découvertes de l'Écossais William Murdoch.

PIERRE DE FAÇADE DU CHAPEAU ROUGE

20

Une ancienne église secrète des remontrants

De Rode Hoed - Keizersgracht 102
020 638 56 06
info@rodehoed.nl
rodehoed.nl

Au n° 104 du Keizersgracht, on remarque une pierre de façade représentant un chapeau rouge, dont la fonction originale demeure incertaine. En effet, bien qu'il s'agisse vraisemblablement de l'enseigne du chapelier Hans Janszoon Lenaertszoon, qui fit construire en 1616 les bâtiments des n°s 102 à 104 pour y installer son atelier, il semble également qu'un certain Claes Hermanszoon Roothoet, (dont le nom de famille signifie « chapeau rouge »), ait vécu au n° 102... Ce nom de « Chapeau Rouge », cependant, est avant tout associé à la plus grande (et plus ancienne) des églises secrètes aujourd'hui conservées aux Pays-Bas : de 1630 à 1957, ce lieu de culte fut réservé aux remontrants (voir ci-dessous) et, bien qu'il soit devenu un centre culturel en 1990, son cadre a été largement préservé : on découvre notamment, dans la grande salle, un orgue réalisé par l'Amstellodamois P. Flaes en 1862, en remplacement de l'instrument d'origine. C'est en 1629 que le négociant en vin Antoni de Lange et le docteur Jan van Hartoghvelt achetèrent ces bâtiments au nom de l'église des remontrants : cette communauté n'étant autorisée à prier selon ses rites que dans la plus grande discrétion, une chapelle secrète fut donc installée en ces lieux dès 1630.

Qui sont les remontrants ?

Les remontrants sont les adeptes de la doctrine du théologien néerlandais Jakob Hermanns (vers 1590-1609), qui se distingue du calvinisme par des positions différentes sur la question de la prédestination. Jakob Hermanns signant ses œuvres de son nom latinisé Jacobus Arminius, ses disciples devinrent connus sous le nom d'« Arminiens ». Ce sont eux qui, en 1610, soumirent une « remontrance » à l'assemblée des Provinces-Unies pour demander davantage de tolérance, requête qui provoqua un affrontement entre remontrants et contre-remontrants. En 1618, les Arminiens furent d'abord tolérés, mais, après un synode qui se tint à Dordrecht pour formaliser les points de divergence et un revirement en 1619, les remontrants s'exilèrent et ne revinrent qu'en 1626. Les canons de Dordrecht sont aujourd'hui la norme confessionnelle de nombreuses églises réformées dans le monde.

ZONSHOFJE

21

Un hofje mennonite

Zonshofje
Prinsengracht 159
Lieu privé, accessible aux horaires d'ouverture au public
Merci de respecter le calme de ce lieu

Derrière la porte du n° 159 du Prinsengracht, un long couloir mène au Zonshofje (« hofje du Soleil »), qui constitue aujourd'hui un agréable espace de calme et de verdure.

Ce hofje était à l'origine l'emplacement d'une église secrète bien cachée dont l'histoire illustre les errements de la communauté anabaptiste (courant chrétien évangélique qui prône un baptême volontaire et conscient) aux Pays-Bas. Le Zonshofje tient son nom de l'église mennonite « De Klein Zon » (« le petit soleil ») qui se tenait là en 1650.

Le mennonisme est un mouvement religieux chrétien protestant qui s'est développé au XVIe siècle en Suisse, puis s'est étendu dans le nord de l'Allemagne et en Hollande autour de la personne de Menno Simons. Après l'Altération, en 1578, la municipalité réformée toléra toutes les confessions chrétiennes, sous réserve qu'elles ne soient pas pratiquées trop ouvertement (voir page 15).

La communauté mennonite va alors, pendant plus de deux siècles, se diviser puis se regrouper de nombreuses fois, comme l'atteste l'exemple du Zonshofje.

Lors de la première division des mennonites en 1663, une des communautés se réunit dans une ancienne brasserie sur le Singel, dont la façade était ornée d'un soleil (*zon* en néerlandais) : ainsi ses membres furent-ils appelés « zonnistes ». En 1674, lors d'une nouvelle division, un petit groupe s'installa dans ce bâtiment donnant sur le Prinsengracht. Enfin, en 1752, une autre branche anabaptiste frisonne, « l'Arche de Noé », s'associa aux zonnistes (voir ci-dessous). L'église secrète fut ensuite détruite en 1755, et remplacée par un orphelinat ainsi qu'un hofje destiné aux femmes âgées.

AUX ALENTOURS

La plaque de l'Arche de Noé (22)

Prinsengracht 163-165

Au-dessus du linteau des n°s 163-165 du Prinsengracht, une plaque gravée et peinte représente des animaux entrant par paires dans l'Arche de Noé, sous les rayons bienveillants du soleil. Cette iconographie fait référence à deux des communautés anabaptistes qui occupaient les lieux au milieu du XVIIIe siècle : les zonnistes (*zon* en néerlandais signifie « soleil », voir ci-dessus) et « l'Arche de Noé ». La plaque est surmontée du texte suivant, composé par Bernardus Bosch (1746-1803) : « L'amour nous a construit ce logement, l'espoir reste notre contrainte permanente pour voir le Soleil sur les âmes. Se désintéresser soigneusement du temps et ainsi partir jusqu'à l'Arche du Salut. 1765. »

HOFJE DE VAN BRIENEN

23

Un hofje en ex-voto

Van Brienenhofje
Prinsengracht 89-133
Entrée à droite du numéro 133
Lieu privé, accessible aux horaires d'ouverture au public
Merci de respecter le calme de ce lieu

Le hofje de van Brienen a été construit en 1804 par le baron van Brienen. Le lieu est surprenant tant par la majesté de son architecture que par son amusante histoire.

Le baron, qui s'était un jour bêtement enfermé dans sa chambre forte, perdant espoir qu'on vienne le secourir, se mit à implorer Dieu de le sauver en promettant de construire un hofje pour les couples catholiques défavorisés s'il l'exauçait. Ce fut le cas.

En 1797, le baron racheta ainsi l'ancienne brasserie *L'Étoile* et demanda à Abraham van der Hart d'y construire un hofje. En observant la construction depuis la rue, on remarque l'étoile qui brille au-dessus de l'horloge de l'ancienne chapelle et l'on aperçoit encore distinctement le mur d'enceinte de la brasserie.

Lors des grands travaux de rénovation de 1997, les ouvriers ont découvert dans la cave des barriques contenant de l'eau de la Vecht. Celle-ci était utilisée au XVIIIe siècle pour fabriquer la bière.

Caché derrière la façade se trouve un splendide jardin. Au fond à droite, des portes abritaient autrefois les toilettes et au milieu du jardin, on remarque la présence de deux pompes. L'une (« pompwater ») pompait l'eau de source à boire, l'autre (« regenwater ») pompait l'eau de pluie pour l'entretien. À l'origine, les greniers au-dessus des appartements étaient utilisés pour conserver la tourbe pour le chauffage et pour sécher le linge.

Le hofje se compose aujourd'hui de 26 appartements d'environ 70 mètres carrés avec tout le confort moderne : le gaz depuis 1863, l'eau courante depuis 1890, l'électricité depuis 1917, des toilettes privées dans les années 1960 et des douches dans les années 1970. Ils ont été gratuitement mis à disposition des couples nécessiteux jusqu'en 1951.

Aujourd'hui, c'est l'association de logements Woningbouwvereniging Het Oosten qui en est propriétaire mais ce sont toujours les gérants, parmi lesquels figurent des descendants du baron, qui choisissent les hôtes de ce petit paradis.

Willem van Brienen habitait la maison sur le Herengracht au n° 176, maison dite du cadran solaire ou « zonnewijzer » en raison du cadran qui se trouve en façade. Son père l'avait fait construire en 1781 par l'architecte allemand L.F. Druck. Étant catholique, chose rare pour l'époque, le van Brienenhofje devint catholique.

LA MAISON AUX TÊTES

24

Des dieux antiques pour accueillir des têtes bien faites

Keizersgracht 123
1015 CJ
Visite guidée sur demande au 020-6258079

La Maison aux têtes, située au Keizersgracht 123, a été construite vers 1620 par le célèbre architecte Hendrik de Keyser pour le compte du marchand de bas Nicolaas Sohier. Cette belle demeure aux pignons à redents dans le style Renaissance, très prisé au XVIIe siècle, est richement décorée de griffes, de vases, d'obélisques, de masques de lions et de pilastres doriques. Ce sont cependant les six têtes disposées en enfilade sur la façade qui intriguent le plus.

Elles ont été ajoutées quelques années plus tard par le nouveau propriétaire, Louis de Geer. La légende a longtemps prétendu qu'elles représentaient le châtiment qu'ont reçu six intrus qui s'étaient introduits dans la maison et que la servante aurait alors décapités avec un couteau à pain. Il a cependant été récemment établi que ces bustes correspondaient en fait à six dieux romains : on reconnaît Apollon (dieu des arts) à sa couronne de lauriers, Cérès (déesse de l'agriculture) à ses épis, Bacchus (dieu du vin et des plaisirs) à sa vigne et Diane (déesse de la chasse) à sa demi-lune. De part et d'autre de l'entrée, comme s'ils la surveillaient, se trouvent Mercure (dieu du commerce et messager des dieux), dont le casque ailé trahit l'identité, et Minerve (déesse de la sagesse) également coiffée d'un casque imposant. Ces deux divinités sont-elles une référence au génie marchand de Louis de Geer ?

Sur la droite de la maison, le portail conduit à un grand jardin où l'on peut admirer l'arrière de la maison, plus sobre avec son pignon à double gradin de style Renaissance amstellodamoise.

La demeure accueille depuis 2017 dans ses murs l'Embassy of the Free mind (voir double page suivante), anciennement nommée Bibliotheca Philosophica Hemertica, donnant ainsi un nouveau sens à la présence des divinités antiques qui semblent accorder leur protection à cet illustre établissement où dorment tant de connaissances.

EMBASSY OF THE FREE MIND

25

Une collection unique au monde de livres ésotériques

Keizersgracht 123
1015 CJ
embassyofthefreemind.com
Visite sur demande au 020-6258079

Le début du XXe siècle a vu l'éclosion des bibliothèques privées : la richesse des publications et la meilleure organisation de leur commerce a permis à des passionnés de se constituer des fonds documentaires pour faciliter leurs recherches académiques ou pour assouvir leur goût particulier pour certains sujets.

Né en 1941, Joost Ritman a construit sa fortune en vendant des couverts en plastique, en commençant par le marché des repas dans les avions. Cela ne l'empêcha pas de développer un grand intérêt pour la spiritualité. L'histoire veut qu'il ait commencé à collectionner les livres rares très jeune, après que sa mère lui eut présenté une copie datant du XVIIe siècle du livre *Aurora* de Jacob Böhme.

Sa bibliothèque est connue dans le monde entier. Elle compte 20 000 livres imprimés et manuscrits spécialisés dans le domaine de la philosophie chrétienne hermétique, plus d'une centaine de manuscrits qui datent d'avant 1550 et environ 5000 livres imprimés avant 1800.

En 1984, M. Ritman décida de rendre sa collection publique, mais le train de ses dépenses pour enrichir son trésor finit par l'exposer à des difficultés financières. Bien que sa collection soit considérée comme faisant partie du patrimoine national, une partie du fonds fut vendu aux enchères par la banque ING à Londres. M. Ritman vendit alors sa société et put les racheter. En 2007, l'État néerlandais a racheté un tiers de sa collection pour 19 millions d'euros. Ses mérites dans le monde littéraire ont été salués par plusieurs prix, dont la médaille d'argent de l'Académie royale des Arts et des Sciences (KNAW) en 2002.

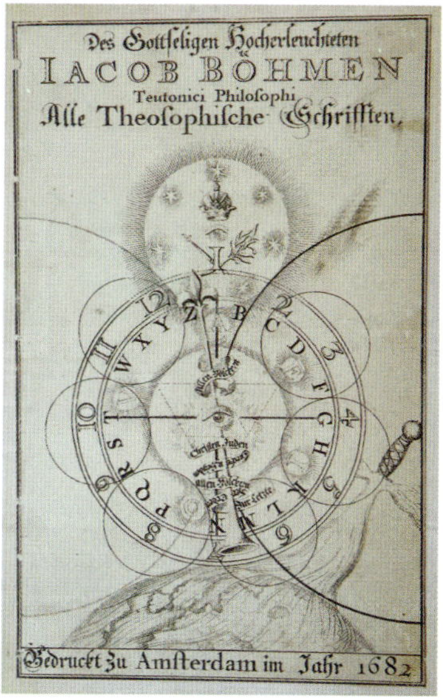

La présence de la collection de J. Ritman est l'une des raisons de la création d'une chaire de philosophie hermétique à l'université d'Amsterdam.

PIERRE DE FAÇADE DU MOULIN À PAPIER

26

Une fabrique de papier au XVIIe siècle

Herengracht 105

À hauteur du n° 105 de la Herengracht, une magnifique pierre de façade polychrome présente le fonctionnement d'un moulin à papier du XVIIe siècle, dont elle montre une coupe transversale. Son intérêt tient autant à la finesse de son exécution qu'à la précision avec laquelle l'artiste a figuré chacune des étapes de la fabrication du papier de chiffon.

La fabrique, construite sur une armature de bois fidèlement représentée, comportait deux niveaux. On remarque ainsi que certaines activités, qui nécessitaient d'être réalisées au sec, étaient situées à l'étage, tandis que d'autres, au cours desquelles l'eau était utilisée, se trouvaient au rez-de-chaussée. En suivant les étapes de la fabrication du papier selon leur ordre chronologique, on distingue tout d'abord, au centre du premier étage, le tri de la matière première : une femme y sépare, en deux tas, les chiffons blancs des étoffes colorées.

L'activité se poursuit alors au rez-de-chaussée : sur la droite, une roue à eau actionne un mécanisme qui permet de battre le tissu mouillé afin d'en distendre la trame. Ces fibres lâches sont ensuite mélangées à de l'eau (au centre du rez-de-chaussée), jusqu'à obtention d'une pâte que l'on étale par petites quantités sur un fin tamis rectangulaire qui permet, en secouant doucement le mélange, d'éliminer le surplus d'eau et d'étaler les fibres de manière uniforme. La feuille humide est alors placée sous une presse (à gauche du rez-de-chaussée). Vient ensuite le temps du séchage des feuilles, dans une pièce bien isolée de l'humidité par un sol recouvert de rangées de briques (au premier étage, à droite). L'opération, si l'on en croit cette représentation, devait être suffisamment longue pour que l'employé chargé de la surveiller s'assoupisse ! Enfin, les feuilles sèches sont empaquetées par une femme (à l'étage, à gauche) qui empile devant elle les rames de papier prêtes à être vendues.

Ce relief peint fut réalisé en 1649 pour orner la façade de la demeure du riche marchand de papier Pieter Haack, qui se trouvait sur Damrak 98. Lorsque la maison fut démolie, en 1908, cette œuvre exceptionnelle fut récupérée puis restaurée. Enfin, c'est en 1992 qu'elle fut installée à l'emplacement qu'elle occupe aujourd'hui. Celui-ci ne fut toutefois pas choisi au hasard : le bâtiment était en effet occupé par une agence de publicité qui, par définition, utilisait beaucoup de papier !

LES PAVÉS CLAIRS DE LA JAN ROODEPOORTSTOREN

27

Les contours d'un monument disparu

Oude Leliestraat, au-dessus du Singel

En empruntant le pont ou écluse de la tour (« Torensluis »), un large carré de pavés plus clairs attire le regard : depuis 2003, il matérialise l'emplacement d'une tour aujourd'hui disparue, la « Jan Roodepoortstoren » (voir ci-dessous).

Construit en 1616 à l'emplacement d'une autre tour, qui faisait partie des premiers remparts de la ville médiévale, ce monument haut de 55 mètres servit d'horloge publique jusqu'en 1829, date à laquelle son état de délabrement imposa sa destruction : il n'en reste désormais que les geôles situées dans ses soubassements, dont les fenêtres à barreaux sont toujours visibles sous la Torensluis.

> Le pont de la Torensluis, le plus large du centre avec ses 42 mètres de largeur, était un axe commercial important. "Sluis" signifiant brique, son nom indique la manière dont il fut construit à l'origine, comme de nombreux autres ponts d'Amsterdam.

LE GAPER OU « BÂILLEUR MAURESQUE »

(28)

Une enseigne d'apothicaire

Gravenstraat 20

En parcourant les rues d'Amsterdam, on croise parfois de curieux visages peints, ouvrant la bouche et tirant la langue, comme celui de la Gravenstraat 20. Ces statues, couramment appelées « gapers », c'est-à-dire « bâilleurs » en néerlandais, n'avaient pas pour vocation d'endormir le passant, mais de signaler la boutique d'un apothicaire : car c'est pour avaler un remède que les « gapers » ouvraient la bouche ! Cette étonnante tradition remonte au moins à 1515, date à laquelle le premier gaper connu fut installé devant son officine par un apothicaire de Bruxelles.

On remarque également que de nombreux gapers portent un turban : cette touche d'exotisme rappelle que la plupart des épices et des plantes utilisées dans la préparation des remèdes provenaient d'Orient, et que la médecine orientale, jusqu'au XIXe siècle (et particulièrement au XVIIe), jouissait d'un prestige particulier. Aussi raconte-t-on que certains apothicaires peu scrupuleux montaient de véritables petits spectacles sur les marchés : le charlatan administrait un placebo à un partenaire costumé comme un Maure, qui feignait la maladie... aussitôt la pilule avalée, le faux Maure exécutait alors un pas de danse, confirmant son « rétablissement » soudain !

Dans la seconde moitié du XIXe siècle, le gouvernement s'étant réservé le privilège de la distribution des médicaments, le style des gapers évolua en conséquence : aux figures orientalisantes, on préféra alors les fonctionnaires de l'État, et l'on représenta désormais nombre de policiers, de pompiers et de soldats tirant la langue.

Enfin, les gapers, généralement en bois peint et placés à l'extérieur des boutiques, étaient exposés aux intempéries, ce qui explique que peu d'entre eux aient été conservés jusqu'à nos jours : il en demeurerait moins d'une cinquantaine aux Pays-Bas.

Les autres gapers d'Amsterdam

On peut aussi voir de beaux gapers aux adresses suivantes : Herenstraat 7, Staalstraat 4, Tichelstraat 35, Binnen Bantammerstraat 13, Geldersekade 84 (pierre de façade « *de eeuwige gaper* »), Kloveniersburgwal 82 (haut-relief en pierre).

Le Nederlands Drogisterij Museum à Maarseen expose quelque 150 gapers. D'autres « bâilleurs », moins nombreux, sont visibles dans les salles d'exposition du Zuidersee Museum à Enkhuizen.

LE CYGNE DU TEMPLE ROND LUTHÉRIEN

(29)

« Dans cent ans apparaîtra un cygne... »

Kattengat 1
Lieu géré par l'hôtel Renaissance Amsterdam
Visite sur demande, en téléphonant au 020 621 22 23

Depuis le Haarlemmerdijk, on sera peut-être surpris d'apercevoir un cygne en métal surmontant une coupole : il s'agit en fait de la partie supérieure du « temple rond » luthérien (appelé aussi « Koepelkerk », c'est-à-dire « église-coupole »), qui fut construit entre 1668 et 1671 pour les nombreux Allemands luthériens que la prospérité des Pays-Bas attira au XVIIe siècle.

Pour comprendre la signification du cygne perché sur le monument, il faut remonter à l'époque du théologien tchèque Jan Hus (né entre 1369 et 1373, et mort en 1415). Cet universitaire, considéré comme le précurseur du protestantisme, s'était en effet illustré par sa détermination à débarrasser l'Église de ce qu'il considérait comme des déviances. Ainsi s'opposa-t-il notamment à la vente des indulgences pour le pardon des péchés, ce qui lui attira les foudres de la papauté : excommunié en 1411, Hus fut condamné pour hérésie et brûlé vif en 1415. Avant son exécution, il aurait cependant déclaré : « Ils peuvent tuer l'oie*, mais dans cent ans apparaîtra un cygne qu'ils ne pourront brûler »...

Or, 102 ans s'écoulèrent avant que les idées hussites soient reprises par Martin Luther (1483-1546) : dans les fameuses « Quatre-vingt-quinze thèses » qu'il aurait placardées en 1517 sur les portes de l'église de la Toussaint de Wittemberg, il condamnait à nouveau le commerce des indulgences, ainsi que les pratiques du haut clergé. Naturellement, ses partisans virent alors en Luther le successeur annoncé par Jan Hus (qui ne se serait donc trompé que de deux années dans sa prédiction). Ainsi le surnom de « cygne » lui fut-il attribué, et la représentation de cet oiseau est-elle devenue le symbole par excellence des luthériens.

Quant au « temple rond » lui-même, il fut conçu par l'architecte Adriaan Dortsman, dans un style classique et sobre, qui se distingue par ses pilastres doriques et ses fenêtres rectangulaires. La construction, en outre, est dotée d'une coupole coiffée d'une « lanterne » (sorte de petite tourelle), les clochers étant réservés aux églises réformées.

Le temple a été restauré à plusieurs reprises, notamment après les incendies de 1822 et 1993. On y donne encore des concerts, qui bénéficient de l'excellente acoustique du bâtiment, notamment pour écouter l'orgue réalisé par Johann Bätz (1709-1770), réputé pour sa qualité exceptionnelle.

* *En tchèque,* hus *signifie « oie ».*

LA MAISON DU SINGEL 7

30

La plus petite maison d'Amsterdam

Singel 7

La demeure située au Singel 7 possède un record difficile à remporter à Amsterdam : avec son 1,01 mètre de large, soit à peine plus que la largeur de sa porte d'entrée, elle constitue la maison la plus étroite d'Amsterdam. Sa façade est en fait le coin d'un bâtiment bien plus important.

D'autres petites maisons d'Amsterdam

- Singel 166 : 1,84 mètre de large et deux étages.
- Oude Hoogstraat 22 : 2,02 mètres de large pour une profondeur d'environ 6 mètres. Elle se trouve à côté de la porte du XVIIe siècle réalisée par l'architecte Hendrick de Keyser qui donnait accès à la nef nord de l'Église Wallonne, dont l'entrée principale se situe sur la rue perpendiculaire (Oudezijds Achterburgwal) sur une petite place (Walenpleintje) au bord du canal. Dans cette maison, on distribuait des chaufferettes aux personnes qui se rendaient à l'église.
- Haarlemmerstraat 43 : « de Groene Lantaarne ». Le plus petit restaurant d'Amsterdam, par son étroite façade. L'immeuble est plus large derrière.
- Stromarkt 7 : autrefois un petit bazar, en bureau. On y accède par l'immeuble voisin.
- Gravenstraat, entre les n°s 17 et 19 : surface totale de 3,5 mètres carrés. C'est la plus petite boutique d'Amsterdam, appelée aussi le nid de la Nieuwekerk, car il est construit juste à côté.

- Molsteeg 5 : ravissant pignon à cloche datant de 1644. 4 étages.
- Prinsengracht 4 : petite maison de 5 niveaux.
- Korsjespoortsteeg 9 : à peine plus de 2 mètres de large.
- Prinsengracht 58 : six étages pour cette adorable maison de poupée de 3 mètres de large et seulement 3 mètres de profondeur.

Pourquoi les maisons sont-elles si étroites ?

Au siècle d'or, les impôts fonciers étaient calculés sur la base de la largeur de façade de la maison. C'est pourquoi l'habitude fut prise de construire des maisons en profondeur, avec des escaliers étroits. Le déménagement des meubles devenant impossible par l'escalier, la poutre principale, ou poutre de guindage, était équipée d'un crochet afin de pouvoir utiliser une poulie pour hisser les meubles dans les étages et les marchandises au grenier. À l'heure des chariots élévateurs, les déménageurs et les entrepreneurs néerlandais préfèrent toujours utiliser la poulie, plus rapide et plus pratique...

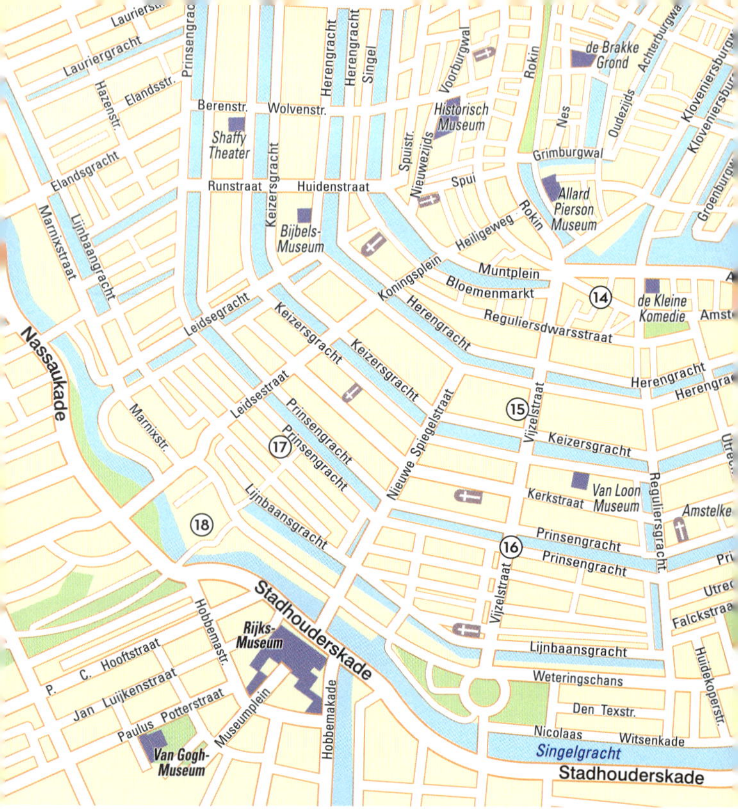

Grands canaux sud-est, Le Plantage, Quartier juif

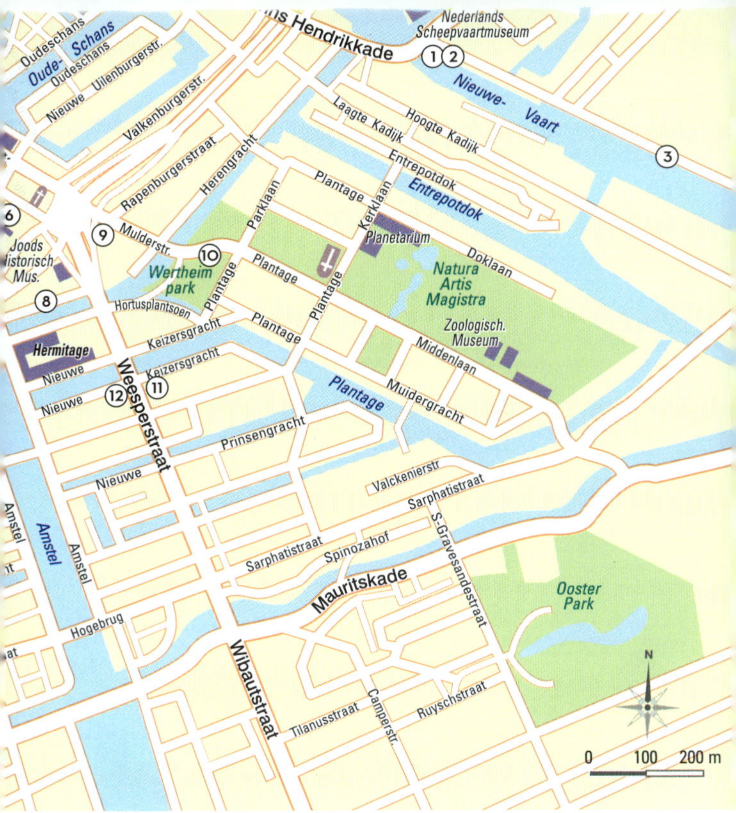
Prins Hendrikkade
Nederlands Scheepvaartmuseum
Oudeschans
Oude-Schans
Oudeschans
Nieuwe Uilenburgerstr.
Valkenburgerstr.
Rapenburgerstraat
Herengracht
Nieuwe-Vaart
Laagte Kadijk
Hoogte Kadijk
Entrepotdok
Entrepotdok
Plantage
Parklaan
Kerklaan
Planetarium
Mulderstr.
Joods Historisch Mus.
Wertheim park
Plantage
Doklaan
Natura Artis Magistra
Hortusplantsoen
Plantage
Zoologisch. Museum
Keizersgracht
Plantage
Middenlaan
Hermitage
Nieuwe
Keizersgracht
Weesperstraat
Nieuwe
Plantage
Muidergracht
Prinsengracht
Nieuwe
Valckenierstr
Sarphatistraat
S-Gravesandestraat
Amstel
Amstel
Sarphatistraat
Spinozahof
Mauritskade
Ooster Park
Hogebrug
Wibautstraat
Tilanusstraat
Camperstr.
Ruyschstraat
N
0 100 200 m

LES FAUSSES FAÇADES DE KATTENBURGERPLEIN

1

Des portes qui ne s'ouvrent pas

Kattenburgerplein

Si la très jolie place Kattenburgerplein semble être restée intacte depuis le XVIIe siècle, elle a en réalité été intégralement reconstruite dans les années 1970.

Les îles de Kattenburg, Wittenburg et Oostenburg ont été construites entre 1653 et 1658 dans la rivière IJ : elles devaient servir à défendre la ville en cas de conflit, les Pays-Bas ayant déjà connu de nombreuses guerres contre l'Espagne, l'Angleterre et la France.

Au fil des années, néanmoins, leur utilisation militaire diminua au profit de l'accueil des activités économiques liées aux chantiers navals.

De nombreuses maisons furent alors construites pour héberger les travailleurs des chantiers. Très peu ont été conservées, mais en 1968, l'architecte Pieter Pals décida de donner une nouvelle vie à certaines de ces maisons en utilisant ce qu'il en restait pour construire un nouveau complexe de logements étudiants sur la place de Kattenburg. Aussi surprenant que cela puisse paraître, ces belles façades sont factices : une porte sur deux ne s'ouvre pas ! On remarquera aussi la belle pierre de façade « de Groenne Ovent » représentant un boulanger en train d'enfourner du pain dans un four de couleur verte.

AUX ALENTOURS

Pierre de façade d'un panier avec des clous ②

Kattenburgergracht 9

Les maisons du Kattenburgergracht 7-17 sont les seules rescapées des premières heures de l'île de Kattenburg et datent de la deuxième moitié du XVIIe siècle. Au n° 9, on remarquera la pierre de façade qui représente un panier avec des clous : le quincailler Willem Claeszoon vivait autrefois dans cette maison. Plus haut sur la façade, on peut lire l'année de sa construction. Les maisons des n°s 11, 13 et 15 ont été aussi construites en 1663. La pierre de façade représente deux poulies, indiquant qu'était installé ici le menuisier spécialisé dans ce matériel pour les bateaux.

Statue de deux hommes ③

Oostenburgergracht 37

Au croisement d'Oostenburgergracht et d'Oosteenburgervorstraat se trouve une statue en bronze représentant deux jeunes hommes dans une posture qui peut sembler incongrue aux promeneurs. Ils sont en fait en train de tourner une corde, symbole du travail réalisé en équipe dans ce quartier au XVIIe siècle.

LA PORTE DES LÉPREUX ET LEUR CRÉCELLE

④

Une porte qui déménage

Sint Antoniesluis 24

Intégrée dans un bâtiment moderne, la porte des Lépreux est un vestige anachronique qui a survécu miraculeusement aux épreuves du temps. La porte marquait l'entrée de la Lazarushuis, une léproserie construite au XVe siècle qui se trouvait alors en dehors de la ville, sur la digue qui menait à Muiden, à l'emplacement actuel de la place Mr. Visserplein.

La porte elle-même date de la rénovation de la léproserie autour de 1609. Réalisée en pierre de taille, sa ressemblance avec la porte de la Zuiderkerk laisse penser qu'elle sort des ateliers d'Hendrick de Keyser et qu'elle a peut-être été aussi réalisée par le sculpteur Nicholas Stone. Les lépreux utilisaient une crécelle pour prévenir de leur approche afin que les gens puissent s'éloigner et éviter ainsi la contagion. Dans les années 1860, la léproserie a été détruite pour laisser place à un commissariat. Un siècle plus tard, c'est la porte elle-même qui fut démontée pour permettre les travaux de construction du tunnel sous la rivière IJ. C'est grâce à la fondation Pinto que les pierres de la porte ont été remontées comme à l'origine et intégrées à l'arrière de la maison, à quelques centaines de mètres seulement de son premier emplacement. Les hauts-reliefs du tympan représentent une femme et un homme tous deux lépreux, ce dernier tenant une crécelle dans la main. Ces sculptures ont été recréées autour de 1975 par Henri van Haaren à partir de ce qu'il restait des sculptures d'origine très émoussées. En poussant la porte du porche, on rentre dans une jolie petite cour qui donne sur une maison en briques à gauche et une petite maison attenante en face, qui n'est autre que l'arrière de la maison Pinto (voir double page suivante).

LES PLAFONDS DE LA MAISON PINTO

5

Un joyau méconnu

Pinto Huis
Sint Antoniesbreestraat 69

Tenant son nom de la riche famille Pinto, cette maison imposante de style classique abrite aujourd'hui une bibliothèque publique qui possède de superbes plafonds décorés méconnus.

Fuyant l'inquisition contre les juifs au Portugal, la famille Pinto émigra aux Pays-Bas au tout début du XVIIe siècle. Ils s'installèrent comme banquiers à Anvers, puis à Rotterdam et enfin à Amsterdam. Ils amassèrent peu à peu une fortune considérable, ce qui donna naissance à l'expression populaire « riche comme un Pinto ». Leur amitié avec le Stadhouder Guillaume IV les amena ainsi à financer la guerre contre la France en 1748. En 1651, Isaac de Pinto, l'un des descendants, acheta l'immeuble de la Sint Antoniesbreestraat 69. N'étant pas situé sur le bord d'un canal, comme la plupart des maisons des riches personnages de l'époque, il présentait de ce fait une largeur peu commune. Son fils, David Emmanuel, reconstruisit entièrement la maison dans les années 1680 dans un style classique imposant avec des cheminées typiques, l'impressionnante façade en pierre de taille ayant été réalisée par l'architecte Elias Bouwman. La légende veut que la grille en fer forgé verte ait été autrefois en argent.

La maison est restée dans la famille jusqu'au XIXe siècle avant d'être laissée à l'abandon. Au début des années 1970, le bâtiment était menacé de démolition et fut racheté par la municipalité. Après plusieurs années de lutte contre les projets de voie rapide et de ligne de métro, la maison a finalement été restaurée en 1975.

La maison Pinto est aujourd'hui reconvertie en bibliothèque publique, ce qui permet d'en admirer les riches plafonds à caisson d'époque. On appréciera particulièrement les chérubins, les oiseaux et les décors floraux réalisés par le célèbre maître du XVIIe siècle Jacob de Wit.

Si les peintures ont été restaurées à la fin du XXe siècle, certains panneaux avaient disparu et le parti a été pris d'en créer de nouveaux, réalisés par le peintre Theo Kurpershoek. On les reconnaît facilement grâce aux clins d'œil à la vie contemporaine qui y ont été glissés : la maison en travaux, des gens à vélo, une bouteille en verre... On notera notamment la présence d'un petit ange en train de lire, allusion à l'utilisation actuelle du bâtiment.

Le décor du panneau du couloir représentant un ciel avec des oiseaux est une réplique réalisée à partir de photos, le panneau ayant été volé pendant la période où la maison était à l'abandon. Dans une des pièces du fond, entre les poutres du plafond, on notera sept peintures réalisées par Nicolas Wijnberg. Dans celle du centre se trouvent quatre lunes qui font partie des armoiries de la famille Pinto. Les décorations florales des poutres sont d'origine.

LE PIEU DU NIVEAU DE LA MER À AMSTERDAM

⑥

La preuve qu'Amsterdam est bien sous l'eau...

Accès au niveau de l'entrée est de l'hôtel de ville (Stadhuis)
Amstel 1

Près de l'accès au métro Waterlooplein, un grand panneau mural accompagné de tubes mesurant différents niveaux permet de bien comprendre l'ampleur de la lutte entre Amsterdam et la mer. Amsterdam, comme toute la partie ouest des Pays-Bas, se trouve sous le niveau de la mer et n'est protégée que par des digues et des dunes. Rien d'étonnant donc à ce que la mesure du niveau de la mer soit aussi minutieuse. La mesure du niveau de la marée est calculée par rapport à un niveau de référence, censé représenter le niveau normal de l'eau à Amsterdam (Normaal Amsterdams Peil ou N.A.P.). Ce niveau a été calculé en 1683 par Johannes van Hudde (voir page 60), maire d'Amsterdam, à partir des moyennes de niveau de la rivière IJ au XVIIe siècle. Il a été adopté comme référence dans presque toute l'Europe (sur le même sujet, voir *Marseille insolite et secret* chez le même éditeur).

En entrant dans le passage, on aperçoit trois grands tubes en verre qui indiquent le niveau de la mer : dans le premier tube, on mesure le niveau de la mer du Nord selon la marée (basé sur la ville côtière d'IJmuiden) et dans le deuxième tube, le niveau de la ville de Vlissingen (en Zélande). À marée haute, l'eau arrive déjà aux genoux ! Le troisième tube est le plus angoissant ; l'eau est à près de 5 mètres au-dessus de votre tête : c'est le niveau atteint pendant les grandes inondations en Zélande en 1953. Ces niveaux sont mis à jour automatiquement par communication téléphonique avec les centres de météo de ces villes.

Le niveau normal (NAP) est matérialisé en bas des escaliers, en haut d'une colonne blanche, par un plot en bronze. D'Helsinki à Rome, cette pomme de bronze sert de référence quand on construit des routes ou que l'on creuse sous la mer. Sur le mur, un panneau en pierre représente un plan en coupe du sol reprenant les différents lieux-clés du pays. Cette représentation permet de se rendre compte de la géologie très particulière de la zone : Amsterdam a été construite sur des pilotis de bois qui s'appuient sur la première couche de sable, environ 12 mètres sous le niveau de la rue. Aujourd'hui, l'utilisation de béton dans les fondations permet d'atteindre la deuxième couche de sable, ce qui assure une meilleure stabilité et permet donc de construire des bâtiments plus imposants.

La ligne de métro n°51 construite en 1966 s'appuie sur la première couche de sable alors que la nouvelle ligne prend appui sur cette deuxième couche, à 24 mètres de profondeur, ce qui en explique le coût et les difficultés de construction. Le dessin représente la mer à marée haute. Le niveau de la mer dans les canaux est ajusté pour être à 40 centimètres au-dessus du N.A.P.

MÉMORIAL POUR LES ENFANTS JUIFS

⑦

« Que leur souvenir soit béni »

Amstelstraat

Sur l'Amstelstraat, le marché aux puces quasi quotidien empêche beaucoup d'Amstellodamois de remarquer au sol un rectangle constitué de pavés plus clairs qui délimitent au sol un espace particulier : il s'agit du contour de l'ancien orphelinat juif pour garçons, dont tous les pensionnaires furent déportés au cours de la Seconde Guerre mondiale.

Une longue inscription court sur ces pavés, qui rappelle le terrible destin de ces enfants : « Ces mots délimitent le lieu où se trouvait l'orphelinat juif Megadle Jethomien (éducateurs d'orphelins), fondé dans Amsterdam en 1738 et établi à cet endroit de 1865 à mars 1943, jusqu'à ce que les occupants allemands investissent la maison et déportent les enfants. Trois adultes ont volontairement accompagné la centaine d'enfants conduits vers le camp d'extermination de Sobibor. Aucun d'eux n'est revenu. Que leur souvenir soit béni. »

Dès sa fondation en 1738 par les juifs ashkénazes, le conseil du Megadle Jethomiem s'occupa d'abord de placer les orphelins dans des familles. Toutefois, l'augmentation du nombre d'orphelins rendit sa tâche de plus en plus difficile, et il fut décidé au XIXe siècle de construire des orphelinats : c'est ainsi qu'un premier établissement ouvrit ses portes en 1836, suivi d'un second en 1865. Après les déportations de la Seconde Guerre mondiale, le premier orphelinat servit encore quelque temps de point de départ vers Israël. Enfin, le bâtiment fut vendu, puis démoli en 1977.

On sait, par ailleurs, que la décision de ne pas reconstruire le quartier juif tel qu'il se présentait à l'origine fut prise après guerre : dès 1955, l'emplacement de l'hôtel de ville avait été choisi pour accueillir ce mémorial et en 1967, un concours international d'architecture avait désigné le Viennois Wilhelm Holzbauer pour sa réalisation.

Il fallut cependant attendre près de deux décennies pour que ce projet, d'abord mal accueilli par les partisans de la conservation des bâtiments historiques du quartier, voie le jour.

Le rôle des jeunes orphelins dans la communauté juive

Dans la communauté juive, les jeunes orphelins jouaient, en quelque sorte, le rôle de fils de substitution : après la mort d'un père, ses fils devaient en effet réciter le kaddish (prière classique de la liturgie juive) pendant plusieurs mois. Toutefois, si le défunt n'avait pas d'enfant mâle, ou que celui-ci ne pouvait pas remplir son devoir, il était possible de déléguer l'accomplissement de ce rituel à un orphelin.

CORVERSHOF

8

« Leurs noms resteront immortels »

Nieuwe Herengracht 4-18
Cour intérieure généralement fermée au public
Ouvert pendant les « open monuments dagen », le 2e week-end de septembre, et, parfois, en le demandant aimablement à l'entrée

Construit en 1722 par l'architecte Steven Vennecool et récemment restauré, le Corvershof, centre liturgique appartenant à la communauté protestante d'Amsterdam, présente une façade digne d'intérêt.

En effet, le fronton de l'édifice porte une reproduction du projet initial, ainsi qu'une représentation allégorique de la Bienfaisance, placée dans le bec d'un aigle. Au-dessous figurent trois paniers (*corven*) et trois sandales (*trippen*) surmontés d'une couronne : il s'agit des armes des donateurs qui furent à l'origine de la construction : Joan Corver (1688-1719) et Sara Maria Trip (1693-1721). On remarque également quelques vers de Mattheus Brouërius van Nidek, inscrits au-dessus de la porte du bâtiment :

« Si la charité mérite d'être remerciée et les soins aux pauvres récompensés, les noms de Corver et Trip coulent sur chaque langue comme du miel. Grâce à leur cadeau et à leur volonté, cette maison de Dieu a été construite, le bâtiment se fait valoir avec leurs armoiries, leurs noms resteront immortels ».

Si les noms de Corver et de Trip furent ainsi honorés, c'est que le Corvershof abritait, à l'origine, une fondation dépendant de la Diaconie réformée (service protestant d'aide aux pauvres et aux malades) abritant les couples âgés sans enfants. Les hommes et les femmes seuls, quant à eux, étaient alors accueillis à l'Amstelhof.

BIBLIOTHÈQUE ETS HAIM

⑨

La plus vieille bibliothèque hébraïque du monde

Mr. Visserplein 3
020 531 03 98
Visite sur rendez-vous

La bibliothèque Ets Haim, dite bibliothèque de l'arbre de vie, est la plus vieille bibliothèque juive du monde encore en service. Elle rassemble aujourd'hui 30 000 volumes et 500 manuscrits datant de 1484 à nos jours, en large majorité en hébreu, qui sont particulièrement utiles pour comprendre l'histoire du peuple juif aux XVIIe et XVIIIe siècles.

La bibliothèque a été fondée en 1616 au sein du séminaire « Academia e Yesiba » ou collège talmudique Ets Haim. Cette institution avait pour but d'apporter une éducation séculaire et religieuse, permettant aux émigrés juifs séfarades de s'intégrer dans l'environnement hollandais tout en préservant la tradition juive. C'est un exemple, en avance sur son temps, d'intégration sans assimilation.

La bibliothèque est hébergée depuis 1675 dans la rangée de bâtiments qui entourent la synagogue portugaise, imposant monument du XVIIe siècle. Elle se situe à côté de l'auditorium du séminaire où peuvent se retrouver les fidèles pendant le sabbat lors des hivers rigoureux, car la synagogue n'est pas chauffée.

En 1889, David Montezinos, alors bibliothécaire de cet établissement, lui fit don de sa collection privée. Depuis, la bibliothèque est également appelée Livraria Montezinos, en hommage à son donateur.

Classée en 2003 dans les registres Mémoires du Monde de l'Unesco, la collection permet de se faire une idée de l'idéal humaniste du XVIIe siècle et de la naissance de la culture séfarade en Espagne et au Portugal. En plus de l'aspect théologique, la bibliothèque rassemble des ouvrages sur des sujets larges dont l'histoire, la langue, la littérature mais aussi la médecine ou l'économie.

Une grande partie des ouvrages de la bibliothèque est disponible sur microfiches aux publications MMF.

Amsterdam, centre d'édition international

Au XVIIe siècle, Amsterdam était l'une des rares villes à assurer la liberté de la presse et devint rapidement un centre international d'édition et de commerce de livres. Après l'établissement en 1627 du premier éditeur hébreux Rabbi Menasseh Ben Israel, qui fut aussi le maître de Spinoza, Amsterdam est rapidement devenu le lieu incontournable de l'édition hébraïque. Les juifs du monde entier se retrouvaient ici pour imprimer et publier leurs ouvrages. Pour assurer leur subsistance pendant leur séjour, souvent long en raison des relectures de leur livre, ils travaillaient comme professeurs invités à Ets Haim. On trouve de nombreuses traces de leur vie et de leur travail dans les manuscrits de la collection.

MONUMENT « AUSCHWITZ, PLUS JAMAIS » ⑩

Le monument des miroirs brisés

Wertheimpark, Plantage Middenlaan

Le monument des miroirs brisés, réalisé en 1977 en mémoire des victimes d'Auschwitz par l'artiste néerlandais Jan Wolkers, n'est pas facile à débusquer : il se trouve depuis 1993 dans le joli mais très peu fréquenté Wertheimpark.

Pendant la Seconde Guerre mondiale, 67 trains quittèrent les Pays-Bas, déportant près de 60 000 juifs néerlandais vers le camp d'Auschwitz-Birkenau et 34 000 vers celui de Sobibor. 1150 revinrent du premier et seulement 19 du deuxième.

En janvier 1952, le gouvernement polonais a organisé la première commémoration de la libération du camp d'Auschwitz. La délégation néerlandaise des rescapés en a rapporté une urne funéraire qui a été enterrée sous une plaque commémorative au cimetière de l'Est ou « Oosterbegraafplaats ».

En 1977, la plaque fut remplacée par une œuvre réalisée en verre épais, sous la forme de six plaques de verre craquelé. En regardant le ciel se mirer dans ces morceaux de verre brisé, l'artiste a souhaité montrer que le ciel avait cessé d'être bleu et lisse après l'Holocauste. En 1993, le monument a été déplacé dans le parc Wertheim.

Chaque année, une procession silencieuse a lieu le dernier dimanche de janvier à cet endroit pour commémorer la libération du camp d'Auschwitz (27 janvier 1945).

À l'emplacement du parc Wertheim se trouvait autrefois l'un des plus vieux parcs d'Amsterdam, créé en 1812. Seul un petit espace vert de moins d'un hectare a été conservé et rebaptisé en 1898 du nom du banquier, politicien, esthète et philanthrope Abraham Wertheim (1832-1897). Une fontaine monumentale a été érigée en son honneur.

Un mémorial digital pour les juifs d'Amsterdam

Le site internet joodsmonument.nl constitue une nouvelle forme de mémorial. Sur la page d'accueil de ce site internet d'un genre nouveau, chaque petit carré représente une personne juive déportée : un carré bleu pour un homme, rouge pour une femme, vert pour un garçon et jaune pour une jeune fille. En cliquant sur ces petits carrés, on découvre l'identité de ces milliers de personnes, et leur adresse avant leur déportation.

OCCO HOFJE

11

Le seul hofje d'Amsterdam de style Louis XVI

Nieuwe Keizersgracht 94
Ouvert pendant les « open monuments dagen », le 2e week-end de septembre, et, parfois, en le demandant aimablement à l'entrée

Construit en 1774, plus tard que la plupart de ceux du Jordaan, et récemment rénové par l'architecte Peter Geusebroek, ce hofje (voir page 67) est le seul de la ville réalisé dans le style Louis XVI. Il a été agrandi en 1893, le potager et le verger étant remplacés par deux nouvelles ailes. La chapelle, qui date de 1816, a été restaurée récemment.

Ce hofje a été fondé grâce au legs de Cornelia Elisabeth Occo. Cette femme d'affaires, descendante du marchand et banquier Pompejus Occo, était célibataire. Active dans les réseaux d'affaires à Paris, Londres et Bruxelles, elle était notamment actionnaire de la Compagnie des Indes française. En 1752, elle stipula dans son testament que sa fortune devait servir à construire un hofje pour les veuves pauvres et femmes célibataires âgées. Le bâtiment était prévu pour accueillir 33 résidentes, comme l'âge du Christ, et qui devaient être catholiques.

À l'avant du bâtiment, en haut du fronton, on peut lire l'inscription « *'t gebouw van Barmhartigheid* » (le bâtiment de la charité). L'aigle, qui fait partie des armes de la famille Occo, est utilisé dans la décoration, à l'extérieur sur la façade et à l'intérieur, au bout des rampes d'escalier.

MDCC
LXXIV
'T GEBOUW VAN
BARMHARTIGHEID
94 t/m 140

VAN BRANTS RUS HOFJE

⑫

Un hospice bâti grâce au commerce avec la Russie

Nieuwe Keizersgracht 38-40
Ouvert pendant les « open monuments dagen », le 2ᵉ week-end de septembre, et, parfois, en le demandant aimablement à l'entrée

Christoffel Brants, fils d'un tonnelier de Frise orientale, fit commerce avec la Russie et obtint une position privilégiée à la cour de Pierre le Grand, qu'il accueillit chez lui lors de sa visite à Amsterdam en 1716. L'année suivante, il fut même anobli par le tsar.

Célibataire, Brants décida de faire construire un hofje (voir page 67) en 1731 par l'architecte Daniël Marot. Il mourut l'année suivante mais laissa une partie suffisamment significative de sa fortune pour que la construction puisse être achevée. Il en résulte un immeuble impressionnant avec trois étages, des caves, un grenier et une belle cour intérieure.

Au-dessus de la porte d'entrée figure un poème qui dit en bref : « Suivez Brandt dans ses Vertus et son Amour pour les Pauvres ». Dans la partie médiane figurent les armes du fondateur, une étoile rouge à six branches. Au-dessus de la poutre, on peut admirer un relief qui représente la Charité entourée de femmes nécessiteuses. La façade côté jardin se trouve un étage plus bas que la façade côté canal. Au milieu du jardin, on peut remarquer une sculpture représentant un cygne entouré d'angelots : ce symbole rappelle que Brants était luthérien (voir page 108).

GRAFFITIS DE LA MAISON DE L'AMSTEL 216

⑬

La maison aux taches de sang

Amstel 216

En examinant attentivement la façade de la maison de l'Amstel 216, on remarque, à hauteur d'homme, de curieux graffitis de couleur rouge brunâtre : on distingue pêle-mêle un trois-mâts, quelques lettres hébraïques, des octogones et des drapeaux, le prénom de « Jacoba », ainsi que deux mentions de « van Beuningen », aux contours hésitants. Ce sont là les traces laissées par Coenraad van Beuningen (1622-1693) après qu'il a sombré dans la folie.

C'est en 1675 que ce haut personnage, élu six fois maire d'Amsterdam, emménagea dans cette demeure construite cinq ans plus tôt. Il jouissait alors d'un grand prestige et d'une confortable fortune, qu'il devait à ses succès de diplomate (en 1672, son rôle fut déterminant pour repousser l'armée française qui se préparait à envahir les Pays-Bas). Pourtant, ses relations avec le prince d'Orange se détériorèrent bientôt, et van Beuningen, privé de son influence, commença à souffrir de mélancolie. Celle-ci s'aggrava à partir de 1686, date à laquelle il épousa sa maîtresse, de 18 ans plus jeune que lui, Jacoba Bartolotti van den Heuvel. Ce mariage, cependant, ne fut pas heureux. Enfin, van Beuningen engloutit sa fortune dans de hasardeuses spéculations et fut rapidement ruiné.

Sa santé mentale ne résista pas à cette accumulation de difficultés : dès 1689, il commença à s'inspirer des œuvres du métaphysicien et théosophe allemand Jakob Böhme (1575-1624), qui aurait connu plusieurs expériences mystiques illuminatrices. Obsédé par ce mysticisme, van Beuningen fut bientôt convaincu d'avoir des visions apocalyptiques : il aurait notamment aperçu dans le ciel d'Amsterdam des boules de feu, ainsi qu'un cercueil aux couleurs de l'arc-en-ciel...

C'est de cette époque que l'on date les graffitis qu'il traça sur la façade de sa maison. Selon la légende, van Beuningen se serait ouvert les veines des bras avec un scalpel et aurait utilisé son propre sang pour laisser ce curieux message. À ce jour, cette assertion n'a pu être vérifiée. On s'étonne cependant que ces graffitis, exposés aux éléments, aient traversé les siècles jusqu'à nos jours, et résisté à toutes les tentatives d'effacement (notamment, dans les années 1930, à un traitement à l'acide utilisant des tuyaux à haute pression).

LES FRESQUES OUBLIÉES DU THÉÂTRE-CINÉMA TUSCHINSKI

14

Des beautés Art Déco rendues à leur élégance d'origine

Pathé Tuschinski - Reguliersbreestraat 26-34
0900 14 58
pathe.nl
Visite guidée pour les individuels une fois par mois
Accessible si vous allez voir un film dans la grande salle (n°1), au 2e balcon

Chef-d'œuvre d'architecture et de décoration, le Théâtre-Cinéma Tuschinski possède derrière son hall d'accueil de superbes fresques qui ornent le couloir et même le poulailler. Elles sont le témoignage de la volonté d'Abraham Icek Tuschinski de rendre son théâtre toujours plus beau et impressionnant.

M. Tuschinski n'avait pourtant pas pour but de s'installer aux Pays-Bas. Il avait quitté sa Pologne natale pour embarquer à Rotterdam en vue d'émigrer aux États-Unis. Mais la ville sut le séduire et il y bâtit sa fortune sur l'exploitation novatrice de salles de cinéma. Face aux succès des quatre premières salles à Rotterdam, cet homme au redoutable sens des affaires voulut s'attacher la clientèle de la capitale en créant un bâtiment somptueux, monument en l'hommage du cinéma. Le 28 octobre 1921 fut inauguré ce lieu étonnant qui mélange les influences de l'Art Déco et de l'École d'Amsterdam. C'est lors de la rénovation en 2000 que l'on a découvert, sous plusieurs couches de peinture datant notamment de l'Occupation, les superbes fresques de Pieter den Besten. Artiste de l'école de Rotterdam, Pieter den Besten avait réalisé lors de la construction du théâtre en 1918-21 des fresques de femmes dites femmes-papillon, que vous pouvez admirer dans la galerie de l'orchestre de la grande salle.

On pense que c'est à l'occasion du dixième anniversaire du théâtre qu'Abraham Tuschinski, satisfait du travail passé de Pieter den Besten, lui a fait faire de nouvelles fresques majestueuses pour décorer les murs du poulailler. Il s'agit de 18 femmes stylisées, superbes illustrations du style Art déco.

Dans le hall d'entrée, en haut du mur, entre les deux guichets trône une petite fenêtre. C'est celle de l'ancien bureau d'Abraham Tuschinski. Très investi dans son rôle de gestionnaire, il surveillait de là la fréquentation de sa salle de spectacle.

SYMBOLISME DU BÂTIMENT « DE BAZEL » ⑮

Un immeuble inspiré du temple de Borobudur

Vijzelstraat 32
Visite guidée sur réservation, en téléphonant au 020 251 18 00

L'imposant bâtiment situé au n° 32 de la Vijzelstraat se distingue par une singulière façade, présentant une succession de couches bicolores : les Amstellodamois, découvrant ces strates alternées de brique et de pierre apposées sur un squelette de béton, surnommèrent l'immeuble Spekkoek (le « gâteau au lard »). Cette construction, classée Monument Historique en 1991, porte désormais le nom de son architecte, Karel de Bazel (1869-1923).

Lorsque de Bazel, alors au soir de sa vie, fut désigné pour concevoir le siège de la Société néerlandaise de Commerce (ou « NHM » : voir page 143), il s'inspira de l'aspect du temple bouddhiste de Borobudur (édifié entre 800 et 1100 sur l'île de Java, en Indonésie), et décida d'inclure dans sa conception des principes théosophiques empruntés aux réalisations des architectes américains Louis Sullivan (1856-1924) et Frank Lloyd Wright (1867-1959), qui utilisaient les proportions, les matériaux, les couleurs et les symboles de manière à suggérer l'omniprésence du divin. Ainsi s'expliquent de nombreuses particularités de l'immeuble « de Bazel », dont le plan s'organise autour de deux puits de lumière, et les très nombreux symboles que l'architecte choisit d'inclure dans son ultime réalisation.

En premier lieu, plusieurs éléments décoratifs font allusion aux activités de la NHM, et particulièrement aux colonies. On remarque notamment, de part et d'autre de la porte d'entrée, deux statues de femmes : l'une, pensive, représente l'Asie, et l'autre, éveillée, personnifie l'Europe. De même, tout en haut de la façade, trois représentations de gouverneurs généraux des Indes néerlandaises rappellent l'intense activité commerciale de la société. À l'angle du bâtiment, des sculptures rendent également hommage aux commerçants et aux marins. Quant à la teinte de la peinture verte appliquée sur les murs dans chaque pièce

du bâtiment, elle suggérait la hiérarchie de l'organisation : plus cette teinte était foncée, plus le niveau hiérarchique de son occupant d'origine était élevé.

Mais de Bazel, théosophe et franc-maçon, décida aussi d'inclure nombre de symboles ésotériques dans la décoration intérieure du bâtiment (notamment le sablier, symbole de la fugacité, la croix isocèle, représentant l'égalité de la matière et de l'esprit, et l'échelle, qui évoque le développement personnel). Ce faisant, l'architecte a également souhaité réaliser un immeuble en avance sur son temps : il a ainsi dissimulé, derrière les ornements de la façade, un ingénieux système de ventilation.

Il développa aussi un aspirateur central, ainsi qu'un chauffage par le sol. Comme de nombreux architectes de son époque, il pensait en outre que l'harmonie et la beauté devaient se retrouver dans chaque détail : ainsi a-t-il apporté un grand soin à la décoration intérieure, notamment aux sols, plafonds, tapisseries, vitraux (exécutés par Antoon Derkinderen), luminaires et mobilier.

La Société néerlandaise de commerce (Nederlandsche Handel-Maatschappij, ou « NHM ») fut fondée en 1824 par le roi Willem Ier pour redynamiser l'économie déclinante. La Société avait pour but de soutenir le commerce international, notamment vers les colonies des Indes néerlandaises. Au XXe siècle, avec la disparition des colonies, cette organisation prit la forme d'une banque traditionnelle. Celle-ci, fusionnée avec d'autres, devint ABN en 1964, puis ABN-AMRO en 1991.

LES MAISONS DE L'ANGLE VIJZELGRACHT-PRINSENGRACHT

(16)

Un pâté de maisons de 1971 classé Monument Historique

Café-restaurant Myrabelle
Vijzelgracht 1
020 624 41 09

On sera sans doute surpris d'apprendre que dans les années 1960, cet angle de rue n'était qu'un terrain vague cerné d'un grillage !

Ce n'est que dans le premier tiers du XXe siècle qu'un plan d'urbanisme transforma le Vijzelgracht en axe de circulation majeur : la Vijzelstraat fut élargie entre 1917 et 1926, et le canal Vijzelgracht fut comblé en 1933. Ces aménagements suscitèrent rapidement un vif intérêt pour le quartier, où fut construit l'immeuble « de Bazel » en 1919 (voir page 140), puis le Carlton Hotel en 1929, ainsi que, en 1962, les bureaux d'une banque qui devint plus tard l'ABN-AMRO. Enfin, en 1973, cette banque décida de s'agrandir en édifiant un complexe sis entre le Keizersgracht et le Prinsengracht.

Ce projet fut aussitôt vivement critiqué. On craignait en effet qu'il n'aboutisse à la création d'un centre-ville hérissé de buildings, congestionné par le trafic automobile le jour et désert la nuit. La banque dut ainsi réduire le nombre d'étages initialement prévu pour son bâtiment.

Dans ce contexte passionné, l'association pour la restauration urbaine « Amsterdam Maatschappij tot Stadsherstel » développa une stratégie d'acquisition et de restauration de la partie orientale de l'avenue. La plus spectaculaire de ces restaurations regroupe les maisons du Vijzelgracht 1, 3 et 5 et celles du Prinsengracht 646 et 648 : 11 appartements, deux boutiques et un bar ont ainsi vu le jour en 1971 dans des bâtiments reproduits dans le style d'autrefois, sur la base de photographies anciennes.

Enfin, pour contrer de nouveaux projets de construction susceptibles de dénaturer ce quartier, de très nombreux bâtiments furent rapidement classés Monuments Historiques : ainsi le Vijzelgracht en compte-t-il 47,

AUX ALENTOURS

Musée des Pipes (17)

Pijpenkabinet, Prinsengracht 488
020 421 17 79

Fondé à partir de la collection privée de Don Duco, qui avait commencé sa collection en 1969 à partir de pipes trouvées lors de fouilles archéologiques à Amsterdam, le musée des Pipes a une collection unique en Europe de plus de 20 000 pipes, dont 2000 sont exposées dans la collection permanente. Le musée héberge aussi une bibliothèque de plus de 4000 ouvrages.

MUSÉE MAX EUWE

18

Un musée dédié au plus grand joueur d'échecs néerlandais

Max Euweplein 30a
020 625 70 17

Le musée Max Euwe est dédié au plus grand joueur d'échecs qu'aient connu les Pays-Bas. Cinquième joueur à être sacré champion du monde d'échecs en 1935, Max Euwe est né en 1901 près d'Amsterdam où il étudia et enseigna les mathématiques.

Il a été rendu célèbre par l'application de sa méthode mathématique et logique aux échecs. Il a écrit plus de 70 livres théoriques sur le sujet, dont de nombreux exemplaires sont disponibles dans le musée. Il retrace sa carrière ainsi que sa contribution à l'histoire des échecs.

En plus d'effets personnels de Max Euwe liés aux échecs, vous pourrez admirer des jeux d'échecs uniques venant du monde entier. Enfin, le musée renferme une grande collection de photographies de tournois d'échecs. Sur la place se trouve au sol un grand jeu d'échecs avec des pièces géantes permettant aux passants de jouer.

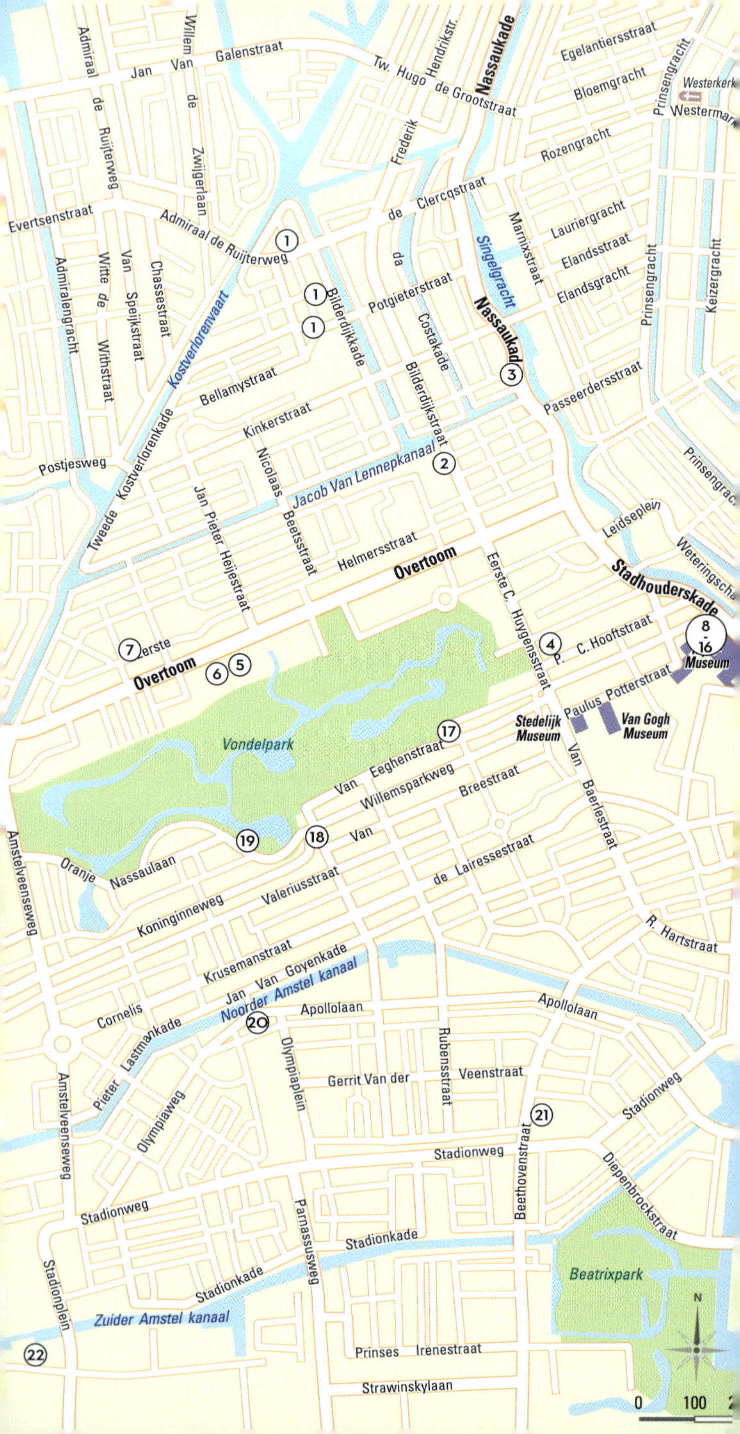
Jan Van Galenstraat
Admiraal de Ruijterweg
Willem de Zwijgerlaan
Tw. Hugo de Grootstraat
Frederik Hendrikstr.
Nassaukade
Egelantiersstraat
Bloemgracht
Westerkerk
Westermarkt
Prinsengracht
Rozengracht
de Clercqstraat
Evertsenstraat
Admiraalengracht
Witte de Withstraat
Van Speijkstraat
Chassestraat
Kostverlorenvaart
Bilderdijkkade
da Costakade
Singelgracht
Marnixstraat
Lauriergracht
Elandsstraat
Elandsgracht
Keizersgracht
Potgieterstraat
Bellamystraat
Kinkerstraat
Bilderdijkstraat
Passeerdersstraat
Postjesweg
Tweede Kostverlorenkade
Nicolaas Beetsstraat
Jacob Van Lennepkanaal
Jan Pieter Heijestraat
Helmersstraat
Overtoom
Eerste C. Huygensstraat
Leidseplein
Weteringschans
Stadhouderskade
Eerste Overtoom
P. C. Hooftstraat
Museum
Paulus Potterstraat
Stedelijk Museum
Van Gogh Museum
Vondelpark
Van Eeghenstraat
Willemsparkweg
Breestraat
Van Baerlestraat
Van de Lairessestraat
Amstelveenseweg
Oranje Nassaulaan
Koninginneweg
Valeriusstraat
R. Hartstraat
Krusemanstraat
Jan Van Goyenkade
Noorder Amstel kanaal
Apollolaan
Cornelis Lastmankade
Pieter Lastmankade
Olympiaplein
Rubensstraat
Gerrit Van der Veenstraat
Olympiaweg
Stadionweg
Beethovenstraat
Diepenbrockstraat
Parnassusweg
Stadionkade
Beatrixpark
Zuider Amstel kanaal
Stadionplein
Prinses Irenestraat
Strawinskylaan
N
0
100

Vondelpak et alentours

REPRODUCTIONS EN CÉRAMIQUE ① DE TABLEAUX CLASSIQUES

Des scènes de la vie hollandaise au XVIIe siècle

Bellamyplein 22-38
Elisabeth Wolffstraat 59
Admiraal de Ruyterweg 52-80

En traversant ce quartier populaire constitué d'immeubles en brique édifiés en 1904, d'apparence assez ordinaire, le passant serait tenté de ne pas s'attarder. Chaque entrée, pourtant, mérite un détour : on y découvre en effet de surprenants tableaux en faïence représentant des scènes typiques de la vie hollandaise au XVIIe siècle. Champêtres ou maritimes, ces sujets ont été inspirés de tableaux classiques, et l'on peut notamment y admirer les représentations de la ville de Harlingen (Frise) et du bateau *Halve Maen* (« *Demi-Lune* »), qui fut utilisé par Henry Hudson en 1609 pour explorer la côte est de l'Amérique pour le compte de la Compagnie néerlandaise des Indes orientales, et pour remonter le fleuve qui porte aujourd'hui son nom.

PISTE DE SKI INDOOR

②

Une piste de ski au cœur de la ville

Ski-inn Amsterdam, W.G. Plein 281
020 607 01 48
Sur rendez-vous

Au milieu du complexe immobilier du W.G. terrein, dans la grande salle qui était autrefois l'amphithéâtre de l'hôpital universitaire, une étonnante piste de ski indoor peut accueillir jusqu'à quatre skieurs.

Elle fonctionne avec un ingénieux système de tapis roulant, qui « remonte » le skieur au fur et à mesure qu'il descend la piste. La vitesse du tapis est réglable pour s'adapter au niveau du skieur. L'installation reste néanmoins plus adaptée pour l'initiation que pour le perfectionnement.

AUX ALENTOURS

Fresque de la femme nue ③

Au coin de Jacob van Lennepstraat et Nassaukade

Il a fallu près de trois semaines à Rombout Oomen pour achever une œuvre singulière : ce qui fut à une époque le plus grand mur peint d'Amsterdam, sur lequel il a choisi de représenter un homme se précipitant sur une femme nue symbolisant le printemps. La scène est d'ailleurs couverte d'un poème de van Lennep en l'honneur du printemps, intitulé *Aan een roosje*. L'œuvre originale, cependant, présentait un sexe féminin, ce qui a suscité une vive polémique... Raison pour laquelle le sexe a été dissimulé en 2004.

© FaceMePLS

LES SCULPTURES DU VIADUC DE LA VAN BAERLESTRAAT

④

Une œuvre méconnue de Hildo Krop

Au niveau de la Van Baerlestraat 1

Aux yeux des promeneurs du Vondelpark, le viaduc jouxtant la Van Baerlestraat ne représente généralement qu'une étape vite franchie : c'est par ce chemin, en effet, que l'on se rend du parc au cœur de la ville. L'endroit mérite cependant que l'on s'y attarde : de part et d'autre des arches qui marquent le milieu du pont, des sculptures méconnues d'Hildo Krop, réalisées en 1947, représentent de jeunes parents en promenade.

AUX ALENTOURS

Parc Johanna ⑤

Overtoom 351-353

Une porte percée dans la grande artère Overtoom, en face de la Staringstraat, donne accès à une ruelle aux airs de coupe-gorge, sur laquelle donnent six petites maisons d'ouvriers. Où se trouve donc le « parc Johanna » ? C'est avec un certain cynisme que ce nom fut donné en 1878 à ce tout petit quartier, qui jamais ne disposa d'un parc...

Écuries de Van Gendt ⑥

Overtoom 371-373

Les jolies maisons de cette ruelle ont été construites en 1876 par Adolf van Gendt. Elles accueillaient alors des écuries, l'atelier d'un maréchal ferrant, ainsi que des bureaux. Longtemps laissées à l'abandon, puis squattées, elles ont été rénovées entre 2003 et 2004 par le cabinet d'architectes Kentie, et ont retrouvé leur caractère de la fin du XIXe siècle. Ce petit complexe accueille désormais six logements, deux boutiques, deux bureaux et la villa Spijker, un lieu de vie pour les enfants handicapés. Au début de la ruelle, on remarquera des rails qui étaient utilisés à l'époque où le tramway était tiré par des chevaux.

Des vers sur les trottoirs ⑦

Au croisement des Eerste Helmersstraat et Rheinvis Feithstraat
Rheinvis Feithstraat 21, Pieter Langendijkstraat 54
Brederodestraat 124

Les rues situées au nord de l'Overtoom ne constituent certes pas un quartier particulièrement poétique, mais le visiteur curieux ne manquera pas de remarquer, incrustés dans les trottoirs, de petits carreaux de faïence portant des lettres qui, une fois assemblées, forment des poèmes dont les titres se trouvent au bout des vers, inscrits sur des dalles plus grandes.

STATUES DE VICTOR DE STUERS ET DE PIERRE CUYPERS

⑧

« Jamais je ne mettrai le pied dans ce cloître ! »

Rijksmuseum - Museumplein
rijksmuseum.nl
Trams 1, 2 et 5, arrêt Rijksmuseum

Sur la façade arrière du Rijksmuseum (côté Museumplein), on remarque, à mi-hauteur, deux statues placées au-dessus du porche principal : elles représentent Victor de Stuers et Pierre Cuypers, deux catholiques limbourgeois qui, chacun à sa manière, furent à l'origine du musée.

En effet, en 1876, Victor de Stuers (1843-1916), haut fonctionnaire responsable des Arts, favorisa la candidature de Pierre Cuypers (1827-1921) au concours d'architecture organisé par la ville d'Amsterdam pour construire le Rijksmuseum : les deux hommes partageant la même origine et la même confession, le roi Guillaume III tenta de s'opposer à cette « conception papiste », comme l'appelèrent alors les critiques. Le souverain protestant tenta même de discréditer Cuypers, qui n'avait pas suivi le cursus de la prestigieuse école polytechnique de Delft, qui forme des ingénieurs en architecture et demeure, aujourd'hui encore, l'une des plus exigeantes des Pays-Bas.

Il est vrai que Cuypers, fils d'un peintre d'église, avait fait ses études au collège de Ruremonde (Roermond), puis à l'école des beaux-arts d'Anvers... En outre, ses travaux d'architecte étaient surtout connus par les églises, chapelles et monastères qu'il avait construits ou restaurés. Pourtant, l'appui de Stuers, passant outre la volonté du roi, lui permit de commencer rapidement les travaux, et d'entamer la construction d'un musée de style néo-Renaissance.

L'obédience de Cuypers, cependant, eut de profondes répercussions sur son œuvre, qui s'affranchit rapidement des plans initiaux pour inclure de nombreux éléments néo-gothiques, ainsi que des symboles peu prisés des calvinistes. Aussi, lorsque le bâtiment fut achevé, Guillaume III aurait-il déclaré : « Jamais je ne mettrai le pied dans ce cloître ! ». Le roi refusa donc d'inaugurer le nouveau musée (dont la construction avait coûté quelque 2,25 millions de florins, alors que le devis initial n'était que de 750 000).

En 1885, le « cloître » en question vit pourtant le jour. Bien que le musée ait été très récemment restauré, entre 2003 et 2013, par les architectes espagnols Antonio Cruz et Antonio Ortiz (les galeries intérieures et la muséographie ayant été confiées à l'architecte français Jean-Michel Wilmott), la symbolique du bâtiment n'a pas été modifiée. Le 13 avril 2013, la reine Beatrix a finalement inauguré le monument, dénigrant ainsi les positions de Guillaume III.

LES HOMMES VERTS DU PASSAGE DU RIJKSMUSEUM

9

Une évocation du respect dû au cycle de la Nature

Rijksmuseum - Museumstraat 1
rijksmuseum.nl
Trams 1, 2 et 5, arrêt Rijksmuseum

Avant d'emprunter le Passage du Rijksmuseum par son entrée méridionale, il est facile de manquer les sculptures discrètes qui encadrent la porte, à la naissance de la voûte surmontant les chapiteaux des colonnes. On y distingue pourtant des visages humains, qui paraissent couverts de masques constitués de feuillage : cette figure d'apparence singulière est connue, dans le folklore européen, sous le nom d'« homme vert » (*green man* en anglais).

Si ces représentations furent particulièrement à la mode dans l'architecture à la fin du XIXe siècle (celles du Rijksmuseum, en effet, furent exécutées en 1885 sous la direction du Belge François Vermeylen), leur inspiration est à rechercher dans les mythes de la Rome antique (voir ci-dessous).

En dépit de ses origines païennes, cette tête humaine couverte de végétation est demeurée, au fil des siècles, un symbole de renaissance et de nouveau départ, désignant le cycle perpétuel qui se renouvelle chaque printemps.

Dans cette acception, l'« homme vert », le plus souvent représenté en pied, a commencé à apparaître sur les chapiteaux des églises et cathédrales gothiques, sur lesquels il figurait un « roi de la Forêt » rappelant le respect dû à la Nature et à son cycle. À la Renaissance et à l'époque baroque se généralisèrent les masques de feuilles et de végétation (que l'on retrouve d'ailleurs dans les sculptures du Rijskmuseum). La tête de l'« homme vert » fut alors représentée sur de nombreux bâtiments laïcs de toute l'Europe (particulièrement au Royaume-Uni), et même jusqu'en Thaïlande, en Inde et au Népal.

Sylvain, l'esprit des forêts, à l'origine de l'« homme vert »

Dans la Rome antique, Sylvain (du latin *Silvanus*) était une divinité protectrice des forêts (en latin *silva*). On le décrivait comme l'un des fils de Saturne ou de Faunus (un petit-fils de Saturne), avec lequel on l'identifiait souvent. Tout comme Faunus, protecteur des activités pastorales, Sylvain était un dieu purement romain. Gardien des forêts, il fut aussi apparemment le premier à permettre une séparation des propriétés à la campagne. En ce sens, il évoque également le concept de formation des premières communautés rurales dont la religiosité, réglée par des cycles saisonniers précis (régis par Saturne, dieu du Temps), a survécu jusqu'à présent dans la « religion populaire », issue des vestiges du paganisme ancestral.

LES OREILLES DE LA TÊTE SCULPTÉE DE LA PORTE OCCIDENTALE DE L'ATRIUM

⑩

Un rappel caché de la théorie de la musique des sphères

Atrium du Rijksmuseum, Rijksmuseum
Museumstraat 1
rijksmuseum.nl
Trams 1, 2 et 5, arrêt Rijksmuseum

En quittant l'atrium du Rijksmuseum par sa porte occidentale, en direction des salles consacrées au XVIIe siècle, il est facile de ne pas remarquer une console sur laquelle une tête sculptée est pourvue d'oreilles en forme d'ailes.

De la même façon, une autre tête figurée sur une console de l'entrée ouest du musée est pourvue d'oreilles à la taille démesurée.

Ces étonnantes représentations auraient été inspirées des idées du philosophe Pythagore (VIe siècle av. J.-C.), qui fut à l'origine de la théorie de « l'harmonie des sphères » (ou « musique des sphères » – voir ci-contre).

Les principes de la Kabbale musicale

La Kabbale musicale repose sur l'hypothèse que les planètes du système solaire, dans leurs révolutions, émettent un son que seul Dieu peut entendre et donc inaudible à l'oreille humaine (concept de « musique des sphères »). En liaison avec ce principe, les distances entre les planètes ou les vitesses respectives des planètes correspondaient à des intervalles musicaux, la Terre étant au centre de ce système. Selon cette hypothèse, si les sons de la création de l'Univers (considérés par définition comme parfaits) pouvaient être compris et reproduits, il devenait théoriquement possible de recréer sur Terre l'harmonie universelle... Pythagore (vers 571-vers 497 av. J.-C.) fut le premier à conceptualiser les intervalles musicaux, puis Platon (428/427-348/347 av. J.-C.) fit le lien entre ces intervalles et la « musique des sphères ». La musique, en tant qu'instrument de diffusion de l'harmonie céleste, était née. Un peu plus tard, avec l'adaptation des intervalles musicaux dans les concepts architecturaux (en y utilisant les proportions qui en musique donnaient le résultat le plus harmonieux), il devint également possible d'appliquer ces principes dans les constructions humaines, afin d'y recréer cette harmonie. Selon la légende, Pythagore aurait été guidé par les dieux dans sa découverte des rapports mathématiques qui sous-tendent les sons après avoir observé la longueur des marteaux des forgerons. Il transposa cette mesure sur une corde et, en pressant un point situé aux on lit mal le 3/4 de sa longueur par rapport à son extrémité et en la pinçant, il constata qu'on entendait la quarte au-dessus du ton émis par la corde entière. En la pinçant à la longueur des 2/3, on entendait une quinte au-dessus et à la moitié (1/2), on obtenait une octave au-dessus du son original. C'est à partir de cette expérience que les intervalles prirent le nom de consonances pythagoriciennes. Pour les pythagoriciens, parmi lesquels Claude Ptolémée (vers 90-168 apr. J.-C.) recueillit ses informations astronomiques, chacune des sept planètes du système solaire correspondait également à une note et à une couleur : le soleil correspondait au ré et à l'orange, la lune au si et au violet, Mars au do et au rouge, Saturne au fa et au vert, Vénus au la et au bleu, Mercure au mi et au jaune et Jupiter à au sol et au pourpre. La fusion de ces couleurs et de ces notes était visualisée sur Terre comme un arc-en-ciel de symphonie musicale appelé « musique des sphères » par Pythagore. Les mathématiques et les découvertes musicales de Pythagore eurent une influence cruciale sur le développement de la musique, ainsi que sur la transposition des principes numériques sur l'architecture au cours du Moyen Âge et de la Renaissance. La Kabbale musicale se trouve également présente dans les partitions de grands compositeurs, principalement dans celles de Bach, mais aussi de Beethoven, de Mozart et de Wagner.

LA « BOÎTE AUX LETTRES » DE *LA RONDE DE NUIT*

11

Un tableau qui ne passait pas les portes

Rijksmuseum
Museumstraat 1
rijksmuseum.nl
Trams 2, 5, 7 et 10, arrêt Rijksmuseum

Parmi les quelque deux millions et demi de visiteurs qui, chaque année, se pressent pour admirer la fameuse *Ronde de nuit* de Rembrandt, peu remarquent la longue fente qui est aménagée dans le sol, devant la toile.

Familièrement surnommée *de brievenbus* (la « boîte aux lettres »), cette fente permet tout simplement d'extraire en cas de besoin l'immense toile du bâtiment qui fut construit autour d'elle en 1906 : la peinture de Rembrandt est en effet si grande (363 × 437 centimètres) qu'elle ne passait pas les portes du musée. Lors de l'édification du pavillon qui lui avait été consacré, on construisit donc la salle autour du tableau, plutôt que de transporter l'œuvre dans le bâtiment achevé.

Lorsque l'électricité permit enfin d'éclairer le chef-d'œuvre, celui-ci fut à nouveau déplacé, dans la salle où il se trouve aujourd'hui.

On n'avait en revanche pas prévu qu'il faudrait peut-être pouvoir à nouveau sortir un jour le tableau du bâtiment : ce n'est qu'en 1934, alors que les tensions diplomatiques en Europe laissaient déjà craindre la guerre, que l'on imagina la création de cette « boîte aux lettres » géante. On retrouve évidemment à l'extérieur du bâtiment la sortie de la « boîte aux lettres » : elle se trouve du côté méridional du « Passage ».

Dès septembre 1939 (alors que les Pays-Bas ne furent envahis qu'en mai 1940), la *Ronde de nuit* fut ainsi secrètement déplacée, puis cachée en différents lieux : déposé d'abord au château Radboud à Medemblik, le tableau pesant 337 kilos fut ensuite privé de son cadre. Enroulée autour d'un cylindre, la toile (dont le poids atteignait toutefois 170 kilos) fut dissimulée dans un bunker souterrain situé dans les dunes proches de Castricum.

Enfin, en avril 1942, elle fut déposée dans des grottes de marne à proximité de Maastricht, où elle demeura jusqu'au 25 juin 1945. Au cours de cette sombre période, le précieux rouleau fut tourné chaque jour de quelques degrés, afin que la toile ne souffre pas trop de ce stockage inapproprié...

La « boîte aux lettres » fut utilisée à nouveau en 2003, lorsque l'on entreprit la rénovation du Rijksmuseum et que l'on déplaça la toile vers le pavillon « Philips ». En 2013, à la fin des travaux, le chef-d'œuvre retrouva sa place initiale.

Un tableau qui a perdu un mètre de largeur

Lorsque la *Ronde de nuit* fut installée en 1715 dans la mairie d'Amsterdam (l'actuel Palais sur le Dam), on décida de l'amputer d'un mètre environ, afin qu'elle puisse occuper l'espace séparant deux portes... Le tableau, qui comportait à l'origine 32 personnages, en perdit alors trois. Une copie de l'œuvre originale en taille réduite, réalisée en 1647 par Gerrit Ludens, est exposée à côté de la *Ronde de nuit* : elle permet de retrouver la scène originale peinte par Rembrandt.

LES STATUES DORÉES DE LA SALLE DE LA *RONDE DE NUIT* ⑫

Un rappel discret de la technique du « clair-obscur »

Rijksmuseum
Museumstraat 1
rijksmuseum.nl
Trams 1, 2 et 5, arrêt Rijksmuseum

Dans la salle de la *Ronde de nuit*, on remarque rarement les quatre statues dorées qui constituent une évocation discrète de la maîtrise qu'avait acquise Rembrandt dans la technique du clair-obscur, inspirée du caravagisme : ces quatre allégories personnifient l'intensité de la lumière à différents moments de la journée : on reconnaît ainsi Matin (qui tient une rose et enlève son voile), Jour (pourvue d'un sceptre et cernée par les rayons du soleil), Soir (couverte d'un voile, et portant des fleurs ainsi qu'un rameau d'olivier, symbole de la paix) et Nuit (drapée dans un manteau parsemé d'étoiles et tenant un flambeau à la main).

AUX ALENTOURS

Les maximes de Joost Van Den Vondel ⑬

En traversant le Passage du Rijksmuseum, plusieurs maximes du dramaturge et poète Joost van den Vondel (1587-1679) témoignent du souhait de Cuypers d'éduquer le peuple. On y lit ainsi, par exemple : « Il est ridicule pour un clerc fou de vouloir voler sans ailes », « On ne peut rien faire avec des mots », ou encore « Dessiner est parler et écrire en même temps ».

Pourquoi y a-t-il des escaliers en colimaçon dans une tour du Rijksmuseum ?

Le toit de l'atrium, fait de fonte et de verre, fut peut-être inspiré par le fameux Crystal Palace édifié à Londres en 1851, qui abrita la première exposition universelle. Trois décennies plus tard, en effet, la combinaison de ces deux matériaux conservait encore un caractère résolument moderne, et présentait l'avantage de dispenser beaucoup de lumière (le Rijksmuseum ne fut pas équipé d'un éclairage électrique avant 1904). La relative fragilité de cette couverture, cependant, ne lui permettait pas de résister à la pression d'une couche de neige trop épaisse : c'est pourquoi des escaliers en colimaçon furent aménagés dans une tour (aujourd'hui fermée), afin que les équipes de déneigement puissent accéder commodément à la toiture, en cas de nécessité.

Un lustre qui absorbe le bruit

Offert par l'entreprise Philips, le lustre de l'entrée du musée, grâce à sa structure en « panneau de fibre à densité moyenne » (un contreplaqué spécial fait de bois et de résine) a la particularité non seulement d'éclairer mais aussi d'absorber le bruit, potentiellement important dans un atrium aussi vaste.

LES SYMBOLES DU GRAND HALL DU RIJKSMUSEUM ⑭

Une représentation symbolique de l'univers

Grand hall
Rijksmuseum
Museumstraat 1
rijksmuseum.nl
Trams 1, 2 et 5, arrêt Rijksmuseum

On ignore généralement que le grand hall, situé au premier étage du Rijskmuseum, a été conçu par Cuypers, l'architecte du musée, comme un triptyque représentant l'univers. Ainsi les mosaïques du sol présentent-elles les aspects terrestres de la vie et les cycles qui régissent l'existence de l'homme (notamment ceux de la nature, du soleil, de la lune et du temps, symbolisé par les signes du zodiaque, ainsi que par les plantes et les animaux). La décoration du plafond évoque le ciel et ses planètes. Quant aux vitraux et aux peintures sur toile qui occupent l'espace médian, ils décrivent l'histoire néerlandaise. Pourtant, dans cette composition plus complexe qu'il n'y paraît, d'autres détails méritent que l'on s'attarde. On remarque notamment, sur le sol du côté occidental, une représentation des quatre éléments : l'éléphant y symbolise la terre, le poisson l'eau, l'oiseau l'air, tandis que la salamandre évoque le feu. Autour de ces figures, les quatre saisons ont été symbolisées par la fleur (le printemps), le blé (l'été), les grappes de raisin (l'automne) et le lierre (l'hiver). En progressant vers le centre du hall, on remarque une évocation du cosmos, frappée des lettres alpha et oméga de l'alphabet grec, qui désignent le début et la fin de l'univers. Ceux-ci, entourés des signes du zodiaque, symbolisent l'éternité et la perfection, tandis que des cercles ondulés, placés autour de ces symboles, font allusion aux quatre rivières du paradis. Aux quatre coins, Vénus (figurée par un pigeon), Jupiter (sous la forme d'un aigle), ainsi

que le soleil et la lune représentent le ciel. En atteignant le côté oriental de la salle, on découvre à nouveau le cycle de l'homme, que symbolisent un enfant, un adolescent, un adulte et un vieillard : le temps qui passe y est représenté par quatre animaux, le coq (le matin), l'abeille (le jour), le hibou (le soir) et la chauve-souris (la nuit).

AUX ALENTOURS

Le doigt du Passage du Rijksmuseum (15)

En traversant le Passage du Rijksmuseum, la représentation d'un doigt doré, sur une colonne du côté méridional, date d'une autre époque : c'était là, en effet, que les calèches se devaient de respecter le code de la route (comme l'indique l'inscription « *inrijden* », « s'engager [de ce côté] »), et donc de rester à droite !

Les étoiles de David de la galerie d'honneur (16)

Galerie d'honneur du Rijksmuseum
Rijksmuseum
Museumstraat 1
rijksmuseum.nl
Trams 1, 2 et 5, arrêt Rijksmuseum

En arpentant la Galerie d'honneur du Rijskmuseum, on sera peut-être surpris d'apercevoir, sur les colonnes et sur le plafond, plusieurs hexagrammes étoilés. Si la tradition contemporaine a désormais associé ce symbole à l'étoile (ou au bouclier) de David, et donc à la religion juive, il est en réalité un symbole très ancien que Cuypers, l'architecte du musée, appréciait particulièrement (voir double page suivante).

L'hexagramme étoilé

L'hexagramme étoilé, également appelé étoile (ou bouclier) de David, est formé par l'entrelacement de deux triangles équilatéraux (l'un tourné vers le haut et l'autre vers le bas) qui symbolisent les natures spirituelle et humaine de l'homme. Ses six pointes correspondent aux six directions dans l'espace (nord, sud, est, ouest, zénith, nadir) et montrent le mouvement universel complet des six jours de la Création, le septième jour étant consacré au repos du Créateur. Dans ce contexte, l'hexagramme étoilé est devenu le symbole du macrocosme (ses six angles de 60 degrés forment 360 degrés) et de l'union de l'homme avec son Créateur. Si, comme le prescrit l'Ancien Testament (Dt 6, 4-8), l'hexagramme étoilé, appelé *mezouzah* par les juifs, est souvent placé à l'entrée des maisons juives, il fut aussi fréquemment adopté en amulette par les peuples chrétiens et islamistes, et est donc loin d'être un symbole exclusivement judaïque. Il est ainsi présenté dans le Coran (XXXVIII, 32 e ss.) et dans les *Mille et une nuits* comme un talisman indestructible pour jouir de la bénédiction de Dieu et offrir une totale protection contre les esprits de la nature, les djinns. Il apparaît aussi fréquemment sur les vitraux et les frontons des églises chrétiennes, comme une référence symbolique à l'âme universelle.

Dans ce cas, celle-ci est représentée par le Christ, ou parfois, par le duo Christ (triangle supérieur)-Marie (triangle inférieur). Le résultat de l'entrelacement des deux est le Père éternel Tout-Puissant. On retrouve aussi souvent l'hexagramme étoilé sous son dérivé d'étoile à six branches et de rosace à six pétales.

L'hexagramme étoilé, bien que présent dans la synagogue de Capharnaüm (IIIe siècle apr. J.-C.), ne surgit qu'en 1148 dans la littérature rabbinique, précisément dans le Eshkol Hakofer du sage karaïte* Judah Ben Elijah. Le chapitre 242 lui donne un caractère mystique et protecteur et il était fréquemment gravé sur des amulettes : « Et les noms des sept anges furent écrits sur la mezouzah. L'éternel te protégera et ce symbole appelé bouclier de

David contient, à la fin de la mezouzah, le nom écrit de tous les anges ». L'hexagramme étoilé allait également devenir, au cours du XIIIe siècle, l'attribut d'un des sept noms magiques du Metatron, l'ange de la présence associé à l'archange saint Michel, le chef des milices célestes et le plus proche de Dieu le Père. L'identification du judaïsme à l'étoile de David commença néanmoins au Moyen Âge. En 1354, le roi Charles IV (Karel IV) octroya à la communauté juive de Prague le privilège d'avoir son propre drapeau. Les juifs confectionnèrent alors un hexagramme étoilé en or sur fond rouge qui s'appela le Drapeau du roi David (Maghen David), et devint le symbole officiel des synagogues de la communauté juive en général. Au XIXe siècle, ce symbole s'était répandu partout.

La mystique juive soutenait que l'origine de l'hexagramme étoilé était directement liée aux fleurs qui ornent la *menorah*** en forme d'iris à six pétales. Pour ceux qui croyaient à cette origine, il avait donc été fait par les mains du Dieu d'Israël, l'iris étant composé de six pétales dont la forme générale ressemble à l'étoile de David et l'iris étant également identifié au peuple d'Israël dans le Cantique des cantiques. Hormis sa fonction protectrice, l'hexagramme étoilé posséderait également un pouvoir magique : cette réputation lui vient de la célèbre Clavicule de Salomon, un ensemble de grimoires attribués au roi Salomon mais dont l'origine se situe vraisemblablement au Moyen Âge. Ces écrits anonymes proviennent probablement d'une des nombreuses écoles judaïques d'études kabbalistiques qui existaient alors en Europe, le texte étant clairement inspiré des enseignements du Talmud et de la Kabbale juive. Cette œuvre contient un recueil de 36 pentacles (symboles chargés de signification magique ou ésotérique) destinés à permettre une communication entre le monde physique et les plans de l'âme. Il existe diverses versions de ce texte, en plusieurs traductions, et le contenu varie de l'une à l'autre, mais la plupart des écrits originaux encore existants de nos jours datent des XVIe et XVIIe siècles, même si on trouve également une traduction grecque du XVe siècle.

Au Tibet et en Inde, les religions bouddhiste et hindouiste utilisent aussi ce symbole universel de l'hexagramme étoilé qu'ils considèrent comme le symbole du Créateur et de la Création et que les brahmanes tiennent pour l'insigne du dieu Vishnu.

** Qaraim ou bnei mikra : « qui suit les Écritures ». Le karaïsme est une ramification du judaïsme qui défend l'autorité unique des écritures hébraïques comme source de révélation divine.*

*** Menorah : le candélabre à sept branches flamboyantes qui indique les sept esprits devant le trône : Michel, Gabriel, Samael, Raphael, Zadkiel, Anael et Kassiel.*

LES CÉRAMIQUES ART NOUVEAU DE L'*HÔTEL ATLAS* ⑰

Art nouveau à Amsterdam

Hôtel Atlas
Van Eeghenstraat 64

La belle villa qui héberge aujourd'hui l'*Hôtel Atlas*, construite en 1903 par l'architecte Joseph Herman, présente comme ses voisines des décors en céramique splendides. Ne manquez pas d'y jeter un coup d'œil côté rue (rues Van Eeghenstraat et Jacob Obrechtstraat), mais aussi côté parc, le soir, quand elles sont éclairées. Les céramiques de cette première villa, au n° 66, ont été réalisées par Bert Nienhuis et rappellent des thèmes exotiques, comme les décors de capucines jaunes, symbole des Indes orientales, et les marabouts entourés de nénuphars.

Sur le panneau de gauche, on peut lire le nom de Lotus, l'usine où ont été réalisées ces céramiques et où Nienhuis exerçait comme décorateur. Sur le côté se trouvent deux autres très beaux panneaux, avec un paon toujours entouré de nénuphars stylisés et une figure de femme. Sur la maison voisine du n° 64, on notera aussi quatre portraits orientaux. Enfin, sur celle du n° 62, dont les décors sont moins bien conservés, les motifs floraux sont composés à partir de fleurs exotiques violettes.

Faites l'amour en tout légalité au Vondelpark

En néerlandais, *Cruisen* n'a rien à voir avec le fait de partir en croisière : il s'agit tout simplement de la pratique du sexe dans un lieu public. Cette activité étant assez largement répandue au Vondelpark, face à cette situation de fait, la municipalité a préféré légiférer et a donc décidé d'autoriser les ébats en plein air sous certaines conditions : respecter les horaires autorisés, hors des aires de jeux et seulement s'il n'y a plus d'enfants dans le parc. « *Doing it in the park, doing it after dark* » (« faites-le dans le parc, mais faites-le dans l'obscurité »). Les déchets tels que les préservatifs sont interdits, tout comme la prostitution ou l'exhibitionnisme. D'après une enquête récente sur les nuisances dans le Vondelpark, il apparaît que les promeneurs avec des chiens non tenus en laisse sont plus gênants que les gens qui s'adonnent au sexe en plein air. La municipalité va donc être beaucoup plus sévère envers les chiens en liberté !

POSTE DE POLICE DU QUARTIER OUD ZUID

(18)

L'ancienne remise à chevaux du tramway

Politiebureau
Koninginneweg 29-31

Le poste de police du quartier Oud Zuid est hébergé dans un très beau bâtiment qui abritait autrefois le terminus de la ligne 2 du tramway, construit par l'architecte Adolf van Gendt en 1893 comme un petit hôtel de ville.

Les deux grandes ouvertures ont été conservées. Elles sont particulièrement hautes pour laisser l'accès d'un côté à la remise des voitures de tramway, et de l'autre aux stalles des chevaux qui les tiraient. On pouvait accueillir jusqu'à 81 chevaux dans cette écurie, où ils étaient pansés et nourris. On y nettoyait aussi les voitures du tramway. À cette époque, on se trouvait aux limites de la ville, avant les marécages. Le tram s'arrêtait donc tout naturellement à ce niveau, la remise étant le terminus. Au début du XXe siècle, les tramways furent électrifiés. On n'avait plus besoin des écuries. On conserva néanmoins le terminus à cet endroit jusqu'en 1948, quand les lignes furent prolongées. L'usage du bâtiment fut tout naturellement détourné en 1933 vers un bureau de la police montée : les chevaux d'un côté, les agents de police de l'autre.

Aujourd'hui, les grandes portes ont été remplacées par des vitres, mais on y trouve toujours le commissariat.

On remarque que le tram secoue et tourne beaucoup en rentrant dans la Koninginneweg : il suit l'ancienne digue Binnendijk.

AUX ALENTOURS

Le palmier de la Konningslaan (19)

Koningslaan 16

En raison d'un climat souvent très rigoureux, on ne trouve que quelques rares plantes exotiques à Amsterdam. Néanmoins, la Koningslaan étant assez large et les immeubles suffisamment bas pour assurer un bel ensoleillement sur la façade sud, côté rue, on peut admirer un superbe palmier de Chine qui peut résister à des températures de -15° C.

LES ANCIENNES MAISONS DES ORPHELINS

⑳

Une source d'inspiration pour l'architecture des écoles dans le monde entier

IJsbaanpad 3

De 1960 à 1991, les « maisons des orphelins » remplacèrent l'ancien orphelinat municipal, qui se trouvait auparavant dans le centre-ville. Construit en 1959-1960 par l'architecte Aldo van Eyck (1918-1999) et s'inscrivant dans le courant architectural du structuralisme, il s'inspira des villages africains traditionnels, dont elles constituent une interprétation moderne. S'il ferma finalement en 1991, les anciens

logements des orphelins ont été préservés et convertis en bureaux.

C'est en 1955 que van Eyck commença à dessiner les plans de ce nouvel orphelinat. Dans sa démarche, il s'inspira du travail qu'il avait réalisé pour les écoles de Nagele, une ville nouvelle construite sur les polders au début des années 1950. Ainsi, contre les tendances de l'époque, l'architecte créa-t-il un véritable petit village constitué de 328 maisonnettes de plain-pied agencées autour de courettes et de préaux. Comme le souhaitait van Eyck, l'aspect de ces maisons rappelle les huttes africaines : il s'agit de structures carrées de 3,36 mètres de côté, coiffées de toits bombés en béton.

Au-delà de l'innovation architecturale, il est manifeste que van Eyck désirait révolutionner la conception des orphelinats en s'inspirant des idées structuralistes : à ses yeux, les 125 enfants qu'abritait le village devaient être considérés à la fois comme des individus et comme un groupe. Aussi sa réalisation, considérée comme le premier exemple d'architecture structuraliste, a-t-elle représenté une source d'inspiration pour l'architecture des écoles dans le monde entier.

Le structuralisme

Le structuralisme est un courant intellectuel du XXe siècle qui vise à analyser les relations existant entre les éléments d'un système et le système lui-même : l'exemple par excellence est celui de la ruche, de sa structure en alvéole et de l'organisation interne qu'elle impose aux abeilles qui l'habitent.

L'ÉCOLE EN PLEIN AIR

21

Apprendre à l'air libre

1e Openluchtschool voor het Gezonde Kind
Cliostraat 36-40

Construite en 1930 par l'architecte Johannes Duiker, l'« École en plein air » (Openluchtschool) est cachée au sein d'une cour située derrière la Cliostraat. Ce bâtiment, qui s'insère parfaitement dans le plan du Nieuw Zuid conçu par H. Berlage, constitue un bon exemple du mouvement *Nieuwe Bouwen* (« nouvelle construction »), qui connut son apogée dans les années 1920-1940. Johannes Duiker est l'une des figures de l'architecture fonctionnaliste néerlandaise de l'entre-deux-guerres. Influencé par Frank Lloyd Wright et Le Corbusier, il prôna une architecture d'avant-garde pour une société utopiste qui marquera l'architecture néerlandaise. On retrouve cet esprit dans les constructions d'Aldo van Eyck. Si l'école en plein air est construite comme un bâtiment fonctionnel, l'accent est mis sur le fait que l'architecture peut contribuer à l'hygiène, condition nécessaire au bien-être du corps. Pour Duiker, l'architecture a largement autant d'influence que les méthodes d'enseignement sur la bonne réussite de l'école où le développement de l'esprit ne peut se faire sans le développement du corps.

La construction, inspirée des paquebots transatlantiques, ce qui assure beaucoup de lumière et d'air, est d'une forme étonnamment pure : un cube à demi ouvert, avec des formes droites, sans recoin à poussière et à acariens. Le bâtiment principal accueille au rez-de-chaussée une salle de cours et un gymnase. Chacun des étages accueille deux salles de cours, orientées vers le sud, avec un espace supplémentaire pour faire la classe à l'air libre. Le toit-terrasse permet aussi d'accueillir les élèves pour un cours à l'extérieur. L'utilitarisme dans l'architecture est une constante de ce mouvement. Néanmoins, si le sanatorium d'Hilversum, construit par Duiker en 1925, avait pour but d'accueillir des personnes malades, l'école en plein air était la première du genre à accueillir les enfants en bonne santé. D'où son nom de « *Openluchtschool voor het gezonde kind* » (« école en plein air pour l'enfant en bonne santé »). Aujourd'hui, ce bâtiment, classé Monument Historique, accueille toujours l'école 1e Openluchtschool.

MONUMENT COMMÉMORATIF DES INDES NÉERLANDAISES

(22)

L'un des rares symboles de la période coloniale

Monument Indië Nederland
Olympiaplein

Le monument commémoratif des Indes néerlandaises est l'un des rares symboles de la période coloniale des Pays-Bas et son changement de

nom est à lui seul un témoignage de l'évolution du regard de la société néerlandaise sur la colonisation.

L'actuelle Indonésie a été découverte en 1596 par Houtman, capitaine de la V.O.C. (voir page 21). Rapidement, le commerce s'organisa au sein du port de Bantam puis de celui de Batavia, actuelle Jakarta, prise aux Anglais en 1619 par le gouverneur-général Jan Pieterszoon Coen. Lorsque la V.O.C. fit faillite, le royaume de Hollande reprit ses dettes et ses possessions.

Le gouverneur-général J. van den Bosch utilisa son expérience des Indes occidentales pour mettre en place la culture de la canne à sucre par des esclaves. Cette nouvelle forme de colonisation s'avérant très rentable, on créa une armée spéciale en 1830, la KNIL (Koninklijk Nederlands-Indisch Leger : Armée royale des Indes néerlandaises), pour prendre possession de tout l'archipel. Ceci se fit dans la violence, notamment pendant la guerre d'Atjeh à Sumatra (1873-1903) où le général J.B. van Heutsz, alors commandant de la KNIL, s'illustra dans ses efforts de « pacification ». En 1904, il fut nommé gouverneur général de l'ensemble des Indes néerlandaises et détermina les frontières du pays. Il mourut en Suisse en 1924. Trois années après sa mort, on lui donna une sépulture à Amsterdam, au cimetière de l'Est. Celle-ci étant moins coûteuse que prévu, on décida alors d'utiliser le reste de l'argent pour lui dédier un monument. En raison de cette approche ambivalente de la colonisation, l'érection d'un monument en l'honneur de van Heutsz à Amsterdam suscita de violentes protestations de la part des communistes et des sociaux-démocrates. L'œuvre de Frits van Hall fut néanmoins inaugurée le 15 juin 1935 par la reine Wilhelmina, en présence de la princesse Juliana et du premier ministre Colijn. Ce monument est composé d'une colonne commémorative de 18,7 mètres de haut. Sur le devant, se trouve une allégorie de la Justice : une femme tenant à la main le rouleau de la loi, flanquée de deux lions.

Un monument qui a changé de nom

Au cours des décennies, ce monument fut au centre de nombreuses controverses, des actions de la KNIL ayant été finalement considérées comme des crimes de guerre. En 2004, quand la ville rénova le monument, il fut ainsi rebaptisé « Monument Indië-Nederland » (Monument Indes - Pays-Bas). Toute allusion à van Heutsz a disparu, sauf une plaque avec son portrait.

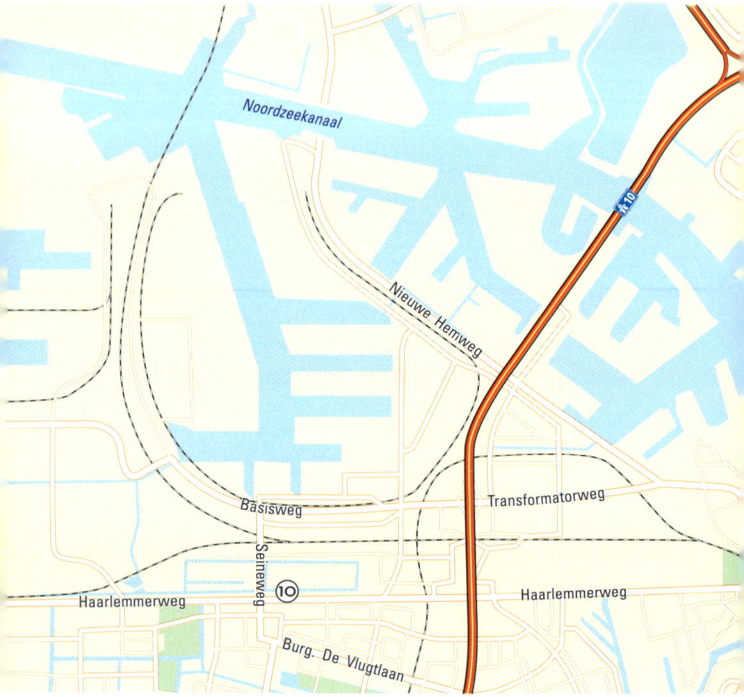

Hors du centre - Nord

Middenweg
A10
Slochterweg
Ijdoornlaan
esweg
Klaprozenweg
Leeuwarderweg
Flora Park
Nieuwe
W. H. Vliegenbos
sterdoksdijk
Hendrikkade
De Ruyterkade
Het IJ
weg

LA ZONNEHUIS

①

Un témoin méconnu du style de l'École d'Amsterdam

Zonnehuis, Zonneplein 30
020 631 51 52
theaterreserveringen.com/t-zonnehuis-amsterdam-agenda

Malgré son aspect monumental et sa proximité du centre-ville, la Zonnehuis (« maison du Soleil ») demeure l'un des exemples les moins connus du style de l'École d'Amsterdam : construite en 1932 par l'architecte Jacoba Mulder, cette salle communale eut pour vocation d'accueillir les nouveaux habitants de la cité-jardin de Oostzaan, notamment les ouvriers des chantiers NDSM. Selon l'esprit de l'époque, l'éducation de la classe ouvrière passait en effet par des activités culturelles collectives, proposées dans ces espaces communs. De plus, dans le contexte de la crise financière des années 1930, ces constructions présentaient l'avantage de procurer du travail aux chômeurs des environs.

Les dimensions de la Zonnehuis sont particulièrement impressionnantes : ce bâtiment en forme de « T » abrite en effet une salle d'une capacité de 700 personnes, où l'on organisa des manifestations aussi variées que des représentations théâtrales, des concerts, des récitals et des matchs de boxe (voir ci-dessous). Sur le plan architectural, on note que l'aspect monumental du bâtiment est accentué notamment par la hauteur des plafonds et la largeur de l'escalier de pierre qui mène aux portes d'entrée. Par ailleurs, la maçonnerie en brique, les fenêtres étroites et la typographie de l'inscription de la façade désignent la Zonnehuis comme un parfait exemple du style de l'École d'Amsterdam.

Malgré son indiscutable valeur historique, ce bâtiment faillit être démoli en 1993, et ce n'est qu'en 2002 que la municipalité restaura la salle de théâtre dans son décor d'origine. Depuis lors, la « maison du Soleil » héberge régulièrement des expositions et des soirées musicales.

Les qualifications du Ben Bril Memorial, en l'honneur du boxeur néerlandais qui s'est illustré aux Jeux olympiques de 1928, y sont toujours disputées.

AUX ALENTOURS

Un logement ouvrier des années 1920 ②

Museumwoning Tuindorp Oostzaan, Meteorenweg 174
020 633 49 76
historischarchief-toz.nl/Museumwoning.htm

Il est possible de visiter un logement conservé dans son style d'origine pour découvrir les conditions de vie, aujourd'hui peu enviables, des ouvriers des années 1920. Des films d'époque, projetés dans le salon, complètent cette petite exposition.

LES VIEILLES MAISONS DE BUIKSLOOT

③

Des maisons miraculeusement épargnées

Buikslooterdijk, du nº 138 au bout de la rue

C'est au XVe siècle que le village de Buiksloot fut construit sur la digue Waterlandse Zeedijk, qui protégeait de la mer les terres situées au nord de l'IJ. Ses maisons de bois abritaient alors une population vivant de l'agriculture et de la pêche.

Par la suite, Buiksloot devint un important carrefour de circulation : alors qu'un bac permettait déjà d'atteindre Amsterdam, un chemin fut créé en 1622 pour rallier Purmerend. Puis, en 1660, une voie navigable fut aménagée jusqu'au canal Noordhollandsch (celle-ci fut agrandie en 1825). En 1921, l'ancien village fut rattaché administrativement à Amsterdam. Enfin, en 1965, une grande partie de sa digue a été détruite afin de réorganiser le trafic routier du nord de la ville. Quant aux polders qui se trouvaient autrefois derrière la digue, ils ont laissé place au quartier d'habitation de Banne.

Étonnamment, ces bouleversements ont épargné une partie des anciennes maisons de Buiksloot : les plus intéressantes se situent aux nos 138, 174, 194, 200, 204, 214, 224, 280, 284, 330, 340, 390 et 402. Certaines ont conservé leur squelette en bois datant du XVIIIe siècle, étayé par un soubassement en brique, ainsi que des pignons en bois peint, principalement à cloche.

AUX ALENTOURS

Les deux stations de pompage de Kadoelerbreek ④

Landsmeerderdijk 138

Les deux stations de pompage de Kadoelerbreek occupent l'emplacement d'un ancien moulin, dont la fonction était d'extraire l'eau du polder en la déplaçant de bas en haut, d'un fossé à un autre. En 1875, l'ancien dispositif fut remplacé par une station de pompage en brique dotée d'un moteur à vapeur. La nouvelle installation, mise en place en 1987, fonctionne à l'électricité.

Les peupliers des digues

Les peupliers sont des arbres à croissance rapide, qui peuvent atteindre 40 mètres et vivre jusqu'à 200 ans. S'ils sont très courants sur les digues des Pays-Bas, c'est parce qu'ils offrent une solution efficace pour éliminer l'eau environnante : un peuplier consomme en effet 3 litres d'eau par jour par centimètre de diamètre de tronc.

SCHOONSCHIP

5

Un quartier 100 % écolo de villas écologiques sur l'eau

Johan van Hasseltkanaal
Amsterdam Noord
Ferry depuis la gare centrale, direction Buiksloterweg

Dans le quartier Schoonschip, 46 ménages étaient amis avant de devenir voisins : la plupart des propriétaires actuels se sont consultés pendant plus de 10 ans pour obtenir les permis de construire de leurs villas sur 30 parcelles d'eau. Les villas sont en général en bois, qui retient les gaz à effet de serre, bien que d'autres soient parfois faites de matériaux plus énergivores comme le béton. Les habitants ont favorisés les matériaux renouvelables, l'une des propriétaires ayant même isolé ses murs extérieurs (épais de 40 centimètres) avec de la paille, soit un réel investissement.

Les villas ont été disposées de manière à ce qu'elles captent le plus de soleil possible, chargeant les 500 panneaux solaires qui garnissent les toits (également recouverts de verdure pour un tiers d'entre eux), chaque villa étant équipée d'un chauffe-eau solaire, d'une batterie et d'une pompe à chaleur qui utilisent l'eau du canal pour chauffer l'habitation.

Toutes les maisons sont pourvues d'un thermostat, associé à un stockage de l'eau froide et chaude. La première sert à arroser les plantes, et la seconde est réutilisée à l'intérieur, pour la douche par exemple. Elles disposent toutes de toilettes écologiques, utilisant peu d'eau de rinçage et équipées d'un drain supplémentaire pour transporter l'eau usée vers un réservoir dans le quartier, où elle fermente avant de produire du biogaz une fois les substances nocives éliminées. Dans chaque cuisine, on trouve un broyeur pour les déchets verts qui à leur tour contribuent à la formation de biogaz, et notamment de phosphate, qui est rare et utilisé pour produire du fumier. Enfin, le biogaz est converti en électricité pour un usage domestique ou pour servir de carburant. La jetée sert d'infrastructure de stockage pour les conduites d'électricité et d'eau. À l'avenir, les résidents espèrent pouvoir mettre en commun leurs vélos ainsi que leurs voitures électriques et ont le projet de cultiver un jardin potager biologique commun.

LA « MAISON-PORCHE » DE NIEUWENDAM ⑥

Une cité-jardin dans le style de l'École d'Amsterdam

Poortwoning, Purmerplein

La curieuse « maison-porche » qui s'ouvre sur la place Purmerplein à Nieuwendam témoigne à la fois d'un style architectural et d'un contexte socio-économique particuliers : la période de l'entre-deux-guerres fut en effet celle des cités-jardins (*tuindorpen*), censées offrir aux

ouvriers un cadre de vie agréable et bon marché.

Si l'idée de ces cités germa en Angleterre à la fin du XIXe siècle*, elle fut rapidement adoptée aux Pays-Bas : dès 1909, la municipalité d'Amsterdam s'en est inspirée en projetant la construction de logements de l'autre côté de l'IJ, à proximité des chantiers navals. La Première Guerre mondiale retarda la mise en œuvre de ce programme, qui ne fut effectivement lancé qu'au début des années 1920. Entre-temps, à la suite des inondations survenues en 1916, plusieurs villages avaient demandé leur rattachement à Amsterdam : ce fut donc dans ces nouveaux quartiers que le projet vit le jour.

Ainsi la localité de Nieuwendam, rattachée à Amsterdam en 1921, fut-elle transformée entre 1923 et 1927, avant d'être agrandie en 1934. Berend Boeyinga, qui fut chargé du plan d'urbanisme, a souhaité faire de sa « maison-porche » un centre destiné aux activités collectives. L'architecture de ce monument, comme celle du « Tuindorp Nieuwendam », procède des canons de l'École d'Amsterdam : la brique ponctuée de petites fenêtres permet ici de créer un espace clos, autour d'une place constituant le centre de vie du quartier. On note, par ailleurs, que le style des bâtiments (tuiles rouges, façades en bois peintes en blanc) s'est subtilement inspiré de celui de la ville voisine de Zandaam.

La cité-jardin comprend quelque 300 monuments, dont les jolies maisons de Purmerweg (classées Monuments Historiques), et l'étonnant monument aux morts situé au coin de Volendammerweg et de Monnikendammerweg.

* *Elle fut notamment développée par E. Howard dans son ouvrage* To-morrow : un chemin pacifiste vers la réforme sociale, *paru en 1898.*

L'École d'Amsterdam

Le mouvement artistique dit de l'École d'Amsterdam date du début du XXe siècle. Proche de courants comme l'expressionnisme ou l'Art déco, il se développe en combinaison avec l'architecture de Hendrik Berlage. L'École d'Amsterdam se caractérise par des motifs exotiques, beaucoup de décoration en bas et en haut-relief, dont de nombreuses réalisations du sculpteur Hildo Krop. On joue avec la brique, alternativement horizontale ou verticale, rouge ou jaune, en réalisant des formes rondes inhabituelles, où les murs sont percés de petites ouvertures.

La bourse d'échange, sur le Damrak, est le premier bâtiment réalisé par Berlage. Ouverte en 1903, elle inaugure une nouvelle période stylistique pour plusieurs architectes qui aspiraient à un idéal.

La maison Scheepvaarthuis (Maison des Armateurs) est considérée comme la première réalisation dans le style de l'École d'Amsterdam. J. M. van der Mey en dessina les plans, les frères van Gendt furent responsables de l'exécution technique et P. L. Kramer et M. de Klerk réalisèrent les ornements extérieurs et intérieurs. L'harmonie complète souhaitée entre l'intérieur et l'extérieur des bâtiments est aussi caractéristique de ce style.

Vers 1900, la municipalité demanda à Berlage de réaliser un plan urbanistique d'extension pour Amsterdam-Sud. Prêt en 1915, le plan de Berlage était censé favoriser l'éclosion d'une nouvelle société sans classes et ordonnée, en permettant au travailleur d'accéder à l'art et à la culture à travers la décision d'orner de sculptures tous les éléments proches des habitations, comme les ponts. Dans cet esprit, il plaça les bibliothèques au centre du quartier. Le bâtiment lui-même avait peu de fenêtres pour laisser la place à de nombreux éléments de décorations dont des sculptures en bas-relief sur les murs.

Berlage avait étudié en Suisse et était entré en contact avec le baron Haussmann à Paris. Il copia ses larges artères et ses carrefours en forme de T, et exigea que l'ensemble du plan sud soit développé et exécuté en une fois, sous la surveillance d'une commission d'esthétique et d'une commission de silhouettes qui contrôlaient les profils de rues, les hauteurs des façades et les pentes des toits.

Ses blocs d'habitations comptent d'une manière générale quatre étages. Le matériel est identique et pourtant chaque rue est différente : la « Churchill-laan », par exemple (voir ci-contre), se caractérise par la variation des entrées et des coins de rues. Les blocs d'habitations monumentaux, très variés afin que chaque partie du quartier ait son propre caractère, comptaient souvent un jardin public en leur centre. On y trouve beaucoup d'éléments décoratifs comme des motifs géométriques, des paraboles, des formes trapézoïdales, travaillées dans les matériaux de construction et dans les fenêtres. En l'espace de 20 ans, des centaines de bâtiments et des milliers d'habitations furent construits, dans l'ensemble d'une très bonne qualité, en alliant unité et diversité.

NIEUWENDAMMERDIJK

⑦

Les vestiges d'un village-digue du Moyen Âge

N°s 72 à 359

La bourgade de Nieuwendam, datant du XIVe siècle, faillit disparaître plusieurs fois. Rasée par les Espagnols en 1573, elle souffrit aussi de nombreuses et dramatiques inondations qui, d'ailleurs, lui donnèrent son nom : en 1516, une « nouvelle digue » (Nieuwendam) y fut construite, suite à la rupture de la précédente. Aujourd'hui, le village conserve une partie de son charme d'autrefois, que son rattachement administratif à Amsterdam en 1921 n'a pas fait disparaître. C'était là, en effet, que s'installaient les capitaines de navires à la retraite, afin d'y jouir d'une vue dégagée sur la Zuiderzee.

Quelques maisons en bois peintes en vert témoignent encore de l'époque préindustrielle, où les moulins servaient à scier le bois et à moudre le grain : ainsi, au niveau du n° 253 du Nieuwendammerdijk, le chemin Molenpad rappelle par son nom les huit moulins à vent qui s'y trouvaient au XVIIIe siècle ; il est aujourd'hui ponctué de jolis jardins, et aboutit au Kippenbruggetje (« petit pont des poulets »), qui conduit à la cité-jardin de Nieuwendam (voir page 188).

Grâce au développement du commerce du grain, le XIXe siècle fut celui de l'essor économique de Nieuwendam : alors que le port du village rivalisait avec celui d'Amsterdam, une partie de ses maisons en bois fut remplacée par des bâtisses en brique, plus résistantes à l'humidité (leurs façades se distinguent par leurs pignons à cloche ou leurs frises Empire, comme au n° 359). Depuis cet âge d'or, plusieurs greniers à céréales ont été transformés en logements : au n° 262, on remarque un grand entrepôt en bois datant de 1870 et, aux nos 248-250, l'entrepôt en pierres Insulinde, construit en 1886.

Plus loin, au n° 323, se trouve un autre entrepôt en bois, plus petit. D'autres bâtiments ont été convertis en appartements, notamment l'ancien hôpital construit en 1875 à la hauteur des nos 300 à 308. Enfin, on remarquera la petite taille des lieux de culte : si l'ancienne chapelle luthérienne (nos 72 à 74) n'est guère plus grande qu'une maison d'habitation, une église en bois toute proche (Meerpad, n° 9) rappelle que le village ne comptait en 1843 qu'une cinquantaine d'habitants.

LES ÉCROUS DES PILIERS DE L'IMMEUBLE PIREUS

8

Des fragments d'un plan de Paris

Entre KNSM-laan et Levantkade

Le côté est de l'immeuble Pireus repose sur 24 piliers cylindriques, chacun composé de cinq morceaux raccordés par de gros écrous. Ces piliers sont l'œuvre d'Arno van der Mark réalisée en 1995, appelée « passages Piraeus », car ils permettent un passage entre la rue et l'eau.

Sur chacun des 96 écrous se trouve une reproduction d'une partie du plan de la ville de Paris dans lequel l'artiste a inséré des photos de monuments, de personnages ou de rues qui symbolisent un certain regard sur le passé.

On retrouvera facilement l'Opéra, le Trocadéro ou Montparnasse. Ces petites cartes sont éclairées la nuit.

AUX ALENTOURS

Un poste de police au début du XXe siècle (9)

Buiksloterweg 9b

L'ancien poste de police du quartier de Buiksloot mérite un détour : dans cette jolie maison carrée en bois datant des années 1915-1916, on découvre en effet la salle des officiers, le bureau du commissaire, deux cellules et un local à vélos.

ATELIERS DU 1800 ROEDEN ⑩

Un dépôt de munitions converti en centre de création artistique

Joris van den Berghweg 101
0619848686
1800roeden.nl
Restaurant : d'avril à septembre, du vendredi au dimanche de 10 h à 19 h ; d'octobre à mars, chaque dimanche de 11 h à 18 h ; exceptionnellement ouvert pour le dîner le dernier dimanche de chaque mois, réservation au 020 3626359

En empruntant la route fréquentée de Haarlemmerweg, on ne peut manquer d'apercevoir l'immense inscription qui s'étale sur les toits d'une série d'entrepôts : « 1800 Roe ».

Pour comprendre ce nom d'apparence étrange, il faut remonter à l'époque où la « Ligne de défense d'Amsterdam » a été conçue : il avait alors été décidé de bâtir un dépôt de munitions situé à 1800 perches (soit 6780 mètres, voir ci-dessous) à l'ouest de la Porte de Haarlem.

Ainsi l'expression « 1800 Roe » est-elle devenue la désignation officielle de cet espace de 2 hectares, qui comprend aujourd'hui six constructions en brique, identifiées par les lettres A à F. Si seule la première halle (A) date effectivement du « Stelling van Amsterdam » (et, à ce titre, fut classée au Patrimoine mondial de l'Unesco en 1998), les autres bâtiments furent édifiés en 1940, pour remplir la même fonction. L'ensemble demeura donc un dépôt pour l'artillerie jusqu'en 1994, date à laquelle le site fut abandonné par l'armée. Il devint alors un refuge pour les artistes et les troupes de théâtre avant d'être vendu en 1996. Aujourd'hui, le site est géré par une fondation vouée à l'art et à la culture.

La majorité de l'espace a été transformée en 40 ateliers de 15 à 360 mètres carrés, qui sont loués à des artistes et à des artisans. Deux grandes salles de réception y ont aussi été aménagées, et un amphithéâtre de plein air, d'une capacité de 150 personnes, y a été édifié dans le plus grand respect de l'environnement. On y trouve également un petit restaurant, *La Cantina*, qui sert des légumes bios cultivés sur place.

Qu'est-ce qu'une « roe » ?

Les mesures héritées de l'Antiquité, comme le doigt et la coudée, ont été utilisées aux Pays-Bas jusqu'en 1815, date à laquelle le système métrique les a remplacées. Puis, bien qu'elles soient demeurées en usage dans les pays anglo-saxons, leur utilisation a été formellement interdite en 1937.

Dans l'ancien système, la « roe », ou « perche », constituait l'unité principale des arpenteurs. Sa longueur, variable d'une ville à l'autre, correspondait à Amsterdam à 3767 mètres. Outre les entrepôts « 1800 Roe », plusieurs bâtiments amstellodamois ont été nommés en fonction de la distance qui les séparait d'un point précis, notamment les moulins « 1100 Roe » et « 1200 Roe », ainsi que la ferme « 1300 Roe » (appelée aussi « Het Geusevelt »).

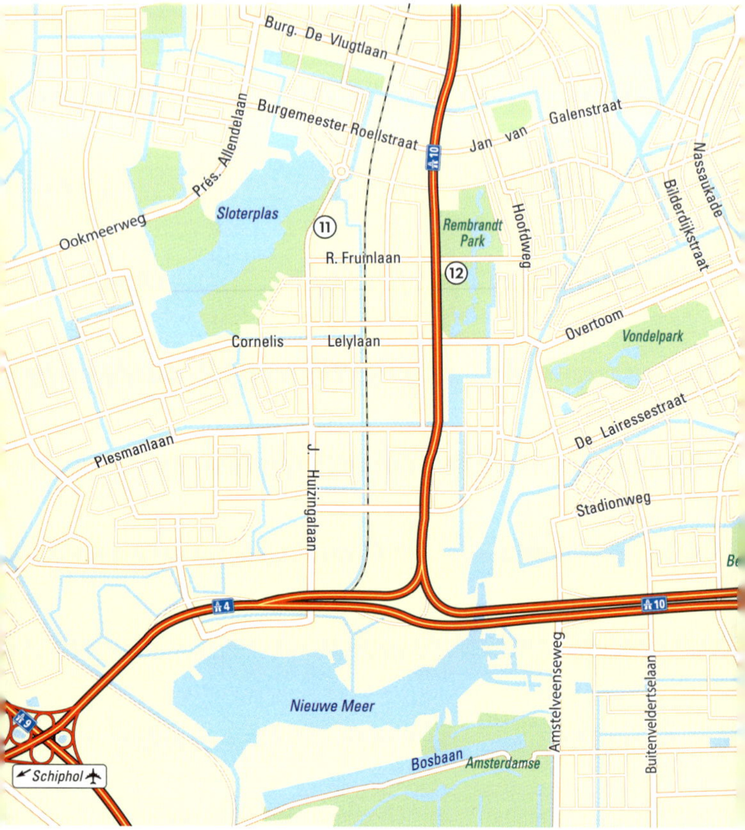

Hors du centre - Sud - Ouest - Est

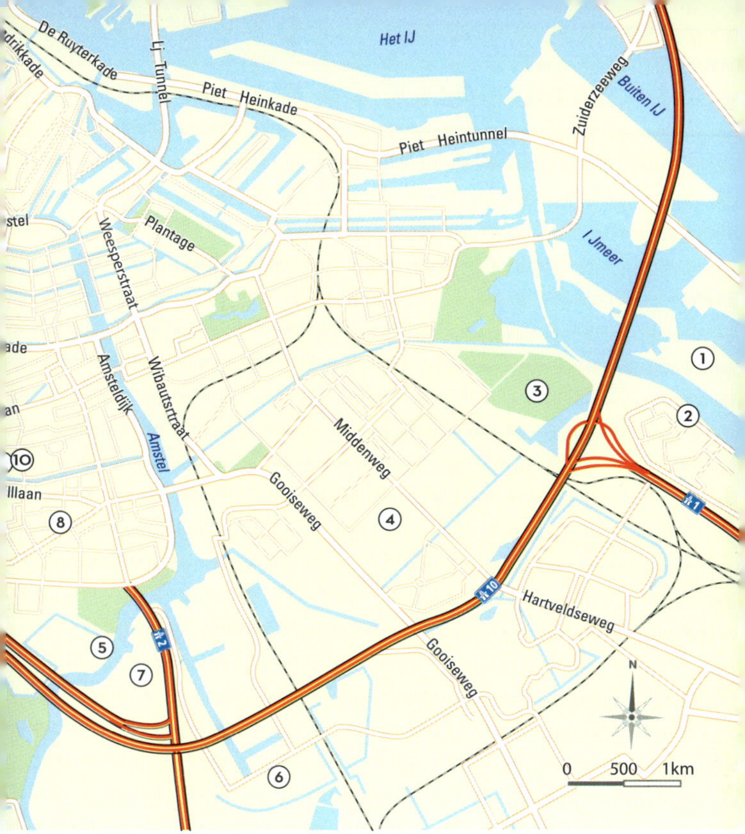
Het IJ
De Ruyterkade
Lj-Tunnel
Piet Heinkade
Piet Heintunnel
Zuiderzeeweg
Buiten IJ
I Jmeer
Plantage
Weesperstraat
Amsteldijk
Wibautstraat
Amstel
Middenweg
Gooiseweg
Hartveldseweg
Gooiseweg
A 10
A 1
A 2
1
2
3
4
5
6
7
8
10
N
0
500
1km

LE BANC *SPACE TO TAKE PLACE* ①

Le plus long banc d'Amsterdam

Bert Haanstrakade 30

Le grand boulevard Bert Haanstrakade, qui porte le nom d'un célèbre réalisateur de documentaires néerlandais, longe la mer au nord d'IJburg et constitue l'endroit idéal pour méditer sur un banc public. Aussi, en 2008, le ministère des Affaires étrangères néerlandais a-t-il organisé un concours de design pour réaliser un banc de 100 mètres de long, dont chaque millième serait offert à une personnalité du monde.

Ce sont les ambassades néerlandaises qui ont distribué ce cadeau symbolique, faisant de ce monument insolite non seulement la propriété des gens du quartier, mais aussi celle du monde entier.

Créé par Claudia Linders, le banc se nomme *Space to take place*. Il est composé d'épais fils d'acier peints en rouge, laissant passer la lumière. Symbole de la créativité du design néerlandais, il illustre en outre, par son emplacement, la farouche détermination des Pays-Bas à gagner des terres sur la mer.

AUX ALENTOURS

Un hippopotame dans une écluse ②

Au croisement de Paul Hufstraat et de Vennepluimstraat

En 2004, le nouvel archipel d'IJburg reçut sa première œuvre d'art : une statue d'hippopotame grandeur nature, réalisée par Tom Claassen, et curieusement baptisée *Rhino*. L'artiste, connu surtout pour ses représentations d'animaux géants (notamment celles des éléphants que l'on aperçoit le long de l'autoroute A6, au niveau d'Almere), a choisi le polyuréthane pour figurer ce pachyderme, long de 6 mètres et large de 3. Ce matériau permet en effet d'absorber les chocs des bateaux qui le toucheraient en traversant l'écluse. Selon le niveau de l'eau, l'œuvre est plus ou moins visible.

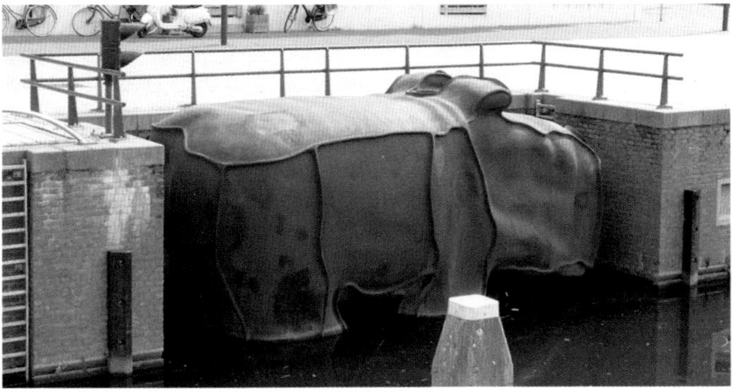

COMPUTER MUSEUM

③

L'extraordinaire épopée de l'informatique

Faculté de médecine A.M.C., Science Park 904
Visite sur demande en s'adressant au conservateur, le Dr. Edo H. Dooijes
020 525 75 23 ou 065 132 73 06 – e.h.dooijes@uva.nl
amsterdam.info/museums/computer-museum – science.uva.nl/museum/
Pour les groupes (jusqu'à 8 personnes), une participation symbolique sera demandée

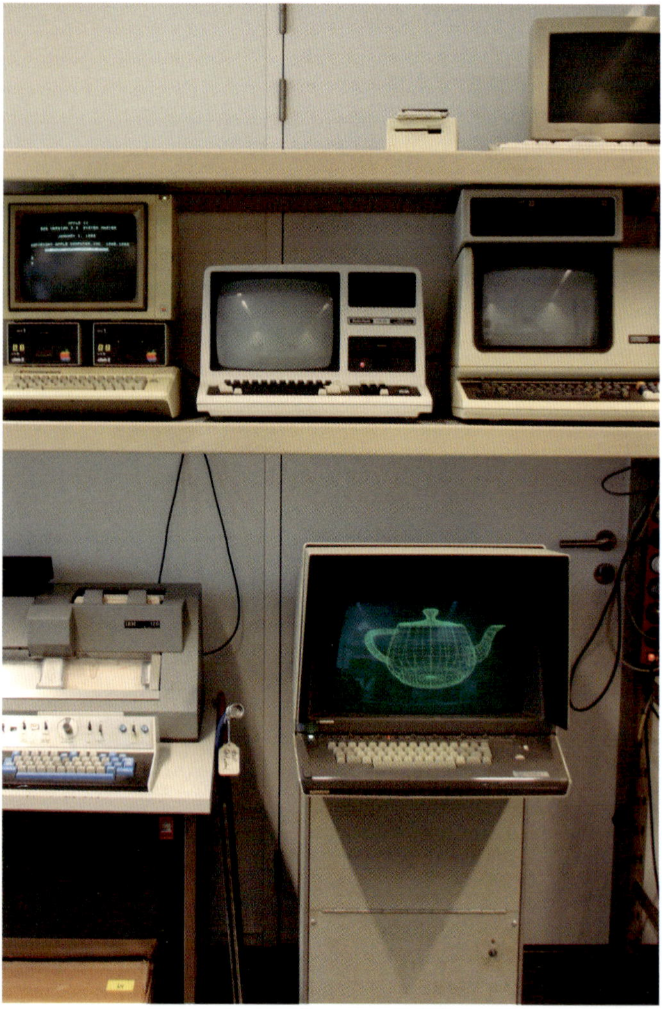

Datant de 1991, le très confidentiel Computer Museum de l'Université d'Amsterdam doit son existence à une équipe de passionnés dirigée par le Dr. Edo Dooijes. Sur demande, ce professeur à la retraite assure encore la visite de ce lieu hors du commun : dans une grande salle (qui ne contient, paraît-il, qu'1 % de la collection qu'il a réunie), l'histoire de l'informatique est illustrée par quelques-unes des machines les plus innovantes de leur époque.

Le plus vieil ordinateur du musée est un IBM datant de 1948, composé de 500 tubes électroniques : le calcul le plus complexe qu'il pouvait faire était celui de la racine carrée. On découvre aussi le premier « mini-ordinateur » (mesurant tout de même 50 x 150 centimètres), le PDP-8 de la Digital Equipment Corporation : inventé en 1965, cet appareil était composé de 300 cartes contenant chacune six transistors, les circuits intégrés n'existant pas encore.

S'agissant de l'encodage, la machine Friden Flexowriter, datant des années 1950, rappelle que jusque dans les années 1970, les programmeurs transmettaient leurs ordres de calcul par l'intermédiaire d'un ruban, et que les résultats leur étaient restitués de la même manière. Quant au système des cartes perforées, on apprend qu'il a été inventé aux États-Unis pour le recensement de 1892 et qu'il a donné naissance à une machine utilisée dans les universités pour sauvegarder des programmes dès 1919.

Le Computer Museum possède également l'impressionnant ordinateur analogique EAI680, capable de résoudre des équations différentielles. Dans les années 1960, ce calculateur était le seul à travailler en temps réel, et affichait ses résultats sur un oscilloscope, un appareil Polaroïd permettant de conserver, en photographie, une trace des opérations effectuées.

À côté de ces machines dédiées à des calculs complexes (notamment à ceux des trajectoires des navettes spatiales), plusieurs appareils illustrent la fantastique évolution des ordinateurs personnels : l'Apple Lisa (1983), le premier Macintosh (1984) et l'IBM AT (1984) côtoient en effet les premiers modèles de « portables » (notamment le Compass II de 1982) et de « tablettes » (car en 1987 le Newton d'Apple préfigurait l'iPad de 2010).

Enfin, le musée recèle aussi quelques curiosités antérieures à l'ère numérique, notamment les calculatrices électromécaniques utilisées par les mathématiciens au début du XXe siècle.

LEVENLOOS GEBOREN
KINDEREN

LE MUSÉE DES FUNÉRAILLES ④

Cercueils, corbillards et masques mortuaires

Nederlands Uitvaart Museum Tot Zover, Kruislaan 126
020 608 06 08
totzover.nl

Le musée des Funérailles, situé (fort à propos) à proximité du cimetière Nieuwe Oosterbegraafplaats, expose principalement les pièces de la collection personnelle de Henk Kok, commencée au milieu des années 1960 : passionné par son sujet d'étude, Kok a même quitté son travail pour se consacrer à ses recherches sur l'évolution des pratiques liées à la mort, dont il a consigné l'essence dans un livre, le *Lexique funéraire*, publié en 2000.

Il est vrai que l'ère post-industrielle a instauré une nouvelle approche de la mort : il est désormais courant de décéder à l'hôpital, et les corbillards à chevaux, ainsi que les vêtements de deuil, ont aujourd'hui disparu.

Dès 1964, Henk Kok a donc eu l'idée de garder une trace des us et coutumes qu'il voyait s'éteindre. Ce n'est qu'en 1990, avec la création de la Fondation pour le musée des Funérailles, que son projet d'exposition commença à se concrétiser. Le musée, quant à lui, n'ouvrit qu'en 2000.

Selon la personnalité de chacun, cette petite exposition propose une approche amusante – ou traumatisante – de ce sujet universel.

AUX ALENTOURS

Les tombes du cimetière Zorgvlied ⑤

Zorgvlied begraafplaats, Amsteldijk 273

Dans le cimetière Zorgvlied, les morts ont laissé une trace tangible de leur personnalité. Nombreuses sont en effet les célébrités néerlandaises à avoir choisi d'y être enterrées, comme Oscar Carré , dont le mausolée mérite une visite. On remarque aussi la tombe de Manfred Langer, le célèbre tenancier de la boîte de nuit *iT*, surmontée d'une statue qui le représente un verre de bière à la main. Quant à celle d'Annie M.G. Schmidt, auteur des livres pour enfants *Jip en Janneke*, elle est entourée de carreaux de faïence multicolores. Plus loin, on constate que l'animateur de télévision Joop Doderer a fait réaliser son buste en bronze, sur lequel il porte le chapeau qui le caractérisait dans son show à succès, Swiebertje. Enfin, la sépulture de Hildo Krop (voir page 154) est surmontée d'une sculpture typique de l'École d'Amsterdam.

COLLECTION ANATOMIQUE DU MUSÉE VROLIK

⑥

Une galerie de monstres remontant au XVIIIe siècle

Faculté de médecine A.M.C., Bâtiment J0, à côté des salles de conférence 2 et 3
Meibergdreef 15
020 566 49 27
museumvrolik@amc.uva.nl
amc.nl/web/AMC-website/Museum-Vrolik-EN/Museum-Vrolik.htm
Entrée gratuite (donation de 5 € par personne recommandée)
Déconseillé aux enfants et aux femmes enceintes

Le musée anatomique Vrolik impressionne par son exceptionnelle richesse (quelque 10 000 spécimens y sont en effet préservés dans de l'alcool) mais aussi, et surtout, par les collections que l'on y trouve : squelettes, fœtus humains et d'animaux atteints de malformations...

Les premiers de ces échantillons furent réunis par deux professeurs d'anatomie, Gerardus Vrolik (1755-1859) et son fils Willem (1801-1863) : leur « Museum Vrolikianum », exposé, à l'époque, dans leur demeure, contenait à la fois des spécimens anatomiques, zoologiques et tératologiques (voir ci-dessous). En 1869, le contenu de ce musée privé fut acquis par un groupe de riches Amstellodamois qui en fit don à la municipalité d'Amsterdam. La collection fut alors mise à la disposition des laboratoires anatomiques de l'Athénée Illustre, l'ancêtre de l'université de la ville. Elle fut ensuite considérablement enrichie, en particulier grâce à un don du médecin Jacobus Hovius (1710-1786) qui, dès 1736, avait amassé sa propre collection d'os pathologiques : en 1772, il offrit ses échantillons à la guilde des chirurgiens d'Amsterdam, qui les utilisa pour former ses étudiants en chirurgie, avant qu'ils ne rejoignent le musée Vrolik. D'autres spécimens, notamment 150 fœtus présentant des malformations congénitales, furent ensuite ajoutés à la collection pour les besoins de l'enseignement et de la recherche. Ce n'est qu'en 1984 que ces spécimens furent exposés au public, dans les locaux de la faculté de médecine.

Ils permettent aujourd'hui au visiteur de découvrir, grâce aux explications du conservateur des lieux, les effets dévastateurs de maladies telles que le rachitisme, la tuberculose ou la syphilis... Dans un registre plus léger, rappelons que Willem Vrolik collectionnait aussi les spécimens zoologiques. Or, en 1806, Louis Napoléon Bonaparte, premier roi de Hollande (1806-1810), avait commencé à constituer une collection d'animaux vivants, hébergée dans le jardin botanique dont Gerardus Vrolik était le directeur. Naturellement, lorsque mourut le lion du roi, son squelette vint augmenter la collection Vrolik.

Il a désormais trouvé sa place dans la « chaîne de la vie » exposée au musée, qui illustre les conceptions de Gerardus et de Willem Vrolik, selon lesquelles tous les êtres vivants avaient été créés selon un ordre précis, du plus simple au plus complexe.

La tératologie (du grec *téras*, « monstre », et logos, « science ») est l'étude scientifique des malformations congénitales.

LE « POTEAU DU SHABBAT » DU BORD DE L'AMSTEL

⑦

L'un des jalons de l'ancien eruv d'Amsterdam

061 655 26 87
La version la plus récente de la carte de l'eruv est consultable sur la page jcc-sjoel.nl/index.php?page=eroev-gebied

Au bord de l'Amstel, une boîte en métal évoque un compteur électrique. Il s'agit, en réalité, de l'un des jalons de la clôture rituelle appelée eruv (voir double page suivante), dressée par la communauté juive orthodoxe d'Amsterdam.

Jusqu'en 1863, le contour de cette enceinte correspondait à celui des murs de la ville. Mais lorsque ces derniers furent détruits, il fallut trouver une autre solution pour matérialiser l'eruv, et c'est ainsi que l'on inventa l'ingénieux système des « poteaux du shabbat » (« *sjabbatpalen* ») : ces colonnes métalliques pourvues d'une porte contenaient des chaînes, que l'on tendait chaque vendredi soir pour former l'eruv. Le shabbat passé, les chaînes étaient à nouveau rangées dans ces curieux petits placards, jusqu'à la semaine suivante.

Cette tradition, cependant, fut abandonnée en 1972 sur décision du grand rabbin d'Amsterdam : en effet, à cette époque, l'extension de la ville avait rendu ce système impossible à gérer.

Quant à la création d'un nouvel eruv, elle constitua un travail de longue haleine pour le rabbinat d'Amsterdam : ce n'est que 36 ans après la suppression de la précédente, le 6 mars 2008, que l'aménagement d'une nouvelle clôture rituelle fut achevé. Cette dernière, matérialisée principalement par des canaux et des lacs, couvre Amsterdam, Amstelveen et s'étend même au-delà.

Ce grand eruv fait désormais l'objet de vérifications constantes de la part des rabbins de la ville, et un standard téléphonique permet de s'assurer, chaque semaine, que l'enceinte est en place et ne présente aucune brèche (notamment par grand froid).

Pour plus d'informations sur l'eruv, voir double page suivante.

D'autres « poteaux du shabbat » sont encore visibles à Amsterdam, notamment au sud du parc Amstel (en face du moulin, près de la statue de Rembrandt) et près du pont Utrechtsebrug, au croisement de De Borcht et Amsteldijk. Le Musée historique juif en expose également un exemple, pourvu de ses chaînes.

Qu'est-ce qu'un eruv ?

L'eruv (pluriel : eruvin ou eruvim) est une clôture rituelle mise en place par une communauté juive orthodoxe, qui a pour fonction de délimiter un espace dans lequel, les jours de shabbat et lors de certaines fêtes, certaines activités normalement interdites hors de chez soi peuvent être réalisées : en effet, en réunissant dans un même domaine les propriétés publiques et privées qu'il entoure, l'eruv permet d'étendre, de manière symbolique, la sphère privée. Ainsi devient-il possible d'accomplir quelques actions qui, certains jours, seraient autrement proscrites : sortir de son domicile ses clefs à la main, s'aider d'une canne pour marcher ou tenir un enfant dans ses bras. À l'origine, le tracé des eruvim se confondait avec celui des murs d'enceinte des villes, dont les portes représentaient le passage du domaine public au domaine privé. Cependant, l'extension des cités modernes a rendu ce système impraticable. Aussi de nouveaux moyens ont-ils été mis en œuvre pour enceindre l'espace rituel : selon la configuration des lieux, des fils, des cordes ou des chaînes tendus remplacent les murailles du passé. Le plan ci-contre présente les limites actuelles de l'eruv d'Amsterdam. Nombre d'entre elles étant matérialisées par des cours d'eau, les juifs orthodoxes doivent s'assurer que ces canaux et rivières ne soient pas gelés en hiver : l'enceinte deviendrait alors franchissable, ce qui constituerait une brèche dans l'eruv.

Les 39 activités interdites

Lors du shabbat et de certaines fêtes, le Talmud proscrit 39 catégories d'activités, sous peine de profaner la sainteté de ces jours. Selon la tradition juive, ces travaux sont associés à la construction du Tabernacle (la tente mobile qui abritait l'Arche d'alliance à l'époque de Moïse). Ces interdictions concernent donc les actions qui permettent de « créer » quelque chose, ou de « prendre le contrôle » d'une entité située hors de la sphère familiale. Ainsi ne doit-on pas entreprendre une tâche permettant de préparer du pain (planter, labourer, moissonner, mettre en gerbe, battre la récolte, vanner, trier, moudre, tamiser, pétrir, cuire), de fabriquer du tissu (tondre, blanchir, carder, teindre, filer, former une chaîne de tissage, installer un métier à tisser, tisser, détisser, nouer, dénouer, coudre, découdre) ou du cuir (tendre des pièges, égorger, dépouiller, tanner, lisser, gratter, couper). Il est aussi interdit d'écrire et d'effacer plus de deux lettres, de construire et de démolir. On ne doit pas non plus allumer ou éteindre un feu ni, de manière générale, achever un quelconque travail. Enfin, la dernière interdiction concerne le fait de « sortir », c'est-à-dire de transporter quelque chose d'un domaine privé dans un domaine public.

Le shabbat

Le substantif « shabbat » désigne le samedi (septième jour de la semaine). Rituellement, le shabbat s'étend du vendredi au coucher du soleil au samedi après l'apparition des deux premières étoiles.

LES « NUMÉROS EN BLANC » DES MAISONS D'AMSTERDAM

⑧

Un témoignage du couvre-feu pendant la Seconde Guerre mondiale

Ces numéros se trouvent partout à Amsterdam : par exemple, Kramatweg 7 et Roerstraat 65
spoorzoekeninderivierenbuurt.nl

En arpentant les rues d'Amsterdam, on remarque encore de nombreux numéros peints en blanc qui reproduisent, dans des dimensions variées, ceux des plaques officielles apposées sur les maisons par la municipalité.

Ce n'est qu'à la fin des années 2000 que ces « numéros en blanc » ont commencé à susciter la curiosité de plusieurs associations, qui se sont attelées à les recenser et à en rechercher l'origine. Grâce à l'étude de documents d'archives, il est apparu que la plupart de ces marques datait de la Seconde Guerre mondiale... Mais quelle pouvait être leur utilité ?

La majeure partie des « numéros en blanc » conservés se trouvant aujourd'hui dans les quartiers du Transvaalbuurt et du Rivierenbuurt, d'où de nombreux juifs furent déportés par l'occupant allemand, on a d'abord songé que ces marques avaient constitué un moyen de faciliter les rafles, en indiquant les lieux occupés par les Israélites. Toutefois, depuis 2010, les enquêtes menées auprès des Amstellodamois ont montré une tout autre réalité : ces numéros, tracés à la craie, à la chaux ou à la peinture, à main levée ou au pochoir, ont simplement été apposés sur les maisons par les habitants qui souhaitaient regagner nuitamment leur domicile.

En effet, à partir de la nuit du 10 au 11 mai 1940, et jusqu'à la fin de la guerre, le couvre-feu imposa aux Amstellodamois de calfeutrer leurs fenêtres, et les rues ne furent pas éclairées. Cette obscurité totale, bien qu'elle ait eu le mérite d'épargner à la cité les raids aériens, fut à l'origine de nombreux accidents, notamment de noyades dans les canaux... Aussi les habitants de la ville prirent-ils l'habitude de se munir d'une petite lampe alimentée par une dynamo : le mince faisceau de lumière produit par cet appareil leur permettait de repérer aisément les « numéros en blanc » sur les façades, et ainsi de ne pas s'égarer.

Cette pratique a été préconisée de 1936 à 1985, d'abord par le Service de la Protection Aérienne (*Luchtbeschermingsdienst*), puis par la Protection Civile (*Bescherming Burgerbevolking*) : au cours de cette longue période, nombre d'habitants ont donc régulièrement repeint le « numéro en blanc » de leur maison, avant d'en oublier la signification.

Désormais, plusieurs associations ont décidé de conserver ces témoins du passé : sur les façades, les « numéros en blanc » sont peu à peu protégés des outrages du temps par des plaques de verre incassable.

PIZZERIA BOAT-IN

9

Mieux que le drive-in, le boat-in !

Pizzeria San Marco
Amstelkade 148a
020 673 08 84

Si vous avez la bonne idée de posséder un bateau ou d'en louer un (voir ci-dessous), vous aurez le rare privilège de découvrir la ville avec une tout autre perspective.

Profitez-en alors pour vous diriger vers la pizzeria *San Marco* qui a la fantastique particularité de pouvoir vous servir sans que vous ayiez à sortir de votre bateau. Vous l'aurez compris, Amsterdam et les propriétaires de la pizzeria viennent d'inventer l'extraordinaire concept de boat-in, après le concept désormais has been du drive in.

Arrêtez donc de passer commande de votre Big Mac au volant de votre voiture dans des banlieues sordides et venez plutôt ici profiter vraiment de tout ce qu'Amsterdam a à offrir ! La pizzeria est située dans l'une des quatre petites maisons sur le pont au-dessus du canal de l'Amstel (Amstelkanaal).

Louer un bateau à Amsterdam

Comme pour Venise, le meilleur moyen de visiter la ville reste probablement le bateau. On ne recommandera évidemment pas les multiples bateaux pour touristes où les commentaires multilingues des haut-parleurs vous assommeront littéralement. Il est tout simplement possible de louer son propre bateau, même sans permis. Avantage par rapport à Venise : vous n'aurez pas à affronter d'innombrables gondoles dans des canaux étroits.

Les bateaux d'autrefois ou *salonboten* peuvent être loués à l'heure ou à la journée, avec un skipper, avec ou sans restauration. Vous pouvez réserver chez Lovers (lovers.nl) en face de la gare ou bien au Hilton (aquadam.nl), sur Apollolaan. Encore mieux, on peut aussi louer des bateaux électriques sans skipper, chez Canal Motorboats (020 422 70 07) et chez Cruise with us (020 774 27 64).

AUX ALENTOURS

Le baromètre de l'hôtel Okura

(10)

Ferdinand Bolstraat 333
020 678 71 11

Avec ses 75 mètres de haut, l'hôtel *Okura* est le plus haut baromètre des Pays-Bas. Le dessous de son toit est éclairé d'une lumière qui change de couleur au gré de la pression atmosphérique, offrant au promeneur une bonne idée de l'évolution du temps. La couleur bleue annonce le beau temps et la verte, l'arrivée du mauvais.

LA MAISON-CITERNE DE TRETJAKOVLAAN

11

Une station d'épuration transformée en appartements

Watertank Woningen, Tretjakovlaan 4-16

Dans ce quartier populaire où se mêlent grandes barres d'immeubles et maisonnettes en bois, une petite résidence retient l'attention par sa conception originale : jusque dans les années 1980, les trois cylindres de béton qui la composent appartenaient en effet à une station d'épuration.

C'est entre 1999 et 2000 que trois architectes néerlandais, D. van Gameren, Bj. Mastenbroek et P. Tomesen, réussirent le pari de convertir ces structures, a priori peu attrayantes, en logements d'exception.

Dans un premier temps, le plus grand des réservoirs, haut de 12 mètres, fut transformé pour accueillir des appartements : le toit et les installations internes en furent retirés, et un petit immeuble rectangulaire de quatre étages fut édifié à l'intérieur du cylindre. Celui-ci contient sept logements, dont un appartement à terrasse dépassant de la structure, qui offre une vue panoramique sur les environs. Les architectes ont aussi su tirer parti de l'épaisseur considérable du béton : outre les ouvertures de l'entrée et des fenêtres, des terrasses ont été aménagées et, du côté occidental, une large échancrure a été pratiquée pour permettre à la lumière d'atteindre les appartements, largement vitrés. Un parking, situé au rez-de-chaussée du cylindre, complète cette étonnante installation.

Quant aux deux autres réservoirs, ils n'ont pas été détruits : l'un est devenu un lieu de stockage à l'usage des habitants de la résidence, et l'autre a conservé sa fonction initiale : il recueille en effet les eaux usées de l'immeuble.

> Le plus grand cylindre a été nommé Dik Trom, en référence à un personnage du livre pour enfants de C. Joh. Kieviet, *De zon van Dik Trom*. Cet ouvrage, paru en 1907, raconte les déboires d'un enfant trop gourmand qui devient gros et méchant.

AUX ALENTOURS

Un terrain consacré aux cabanes (12)

Bouwspeelplaats Het Landje, Rembrandtpark 1
020 618 36 04
Ouvert aux enfants de 6 à 14 ans du mardi au vendredi de midi à 17 h, l'été jusqu'à 17 h 30, amedi et vacances scolaires de 10 h à 17 h

Depuis plusieurs décennies, les enfants peuvent construire leur cabane en bois sur un espace du parc Rembrandt. Dans cet atelier où se mêlent les origines et les classes sociales, tout le nécessaire est fourni contre une participation symbolique aux frais. Il est même possible de conserver sa cabane d'une séance à l'autre, à condition de venir y travailler au moins une fois par semaine.

NOTES

C'est en septembre 1995, à Peshawar, au Pakistan, à 20 kilomètres des zones tribales qu'il visitera quelques jours plus tard, que Thomas a l'idée de mettre sur le papier les coins secrets qu'il connaît à Paris. Lors de ce voyage de sept mois de Pékin à Paris, il traverse entre autres le Tibet (dans lequel il rentre en fraude, caché sous des couvertures dans un bus de nuit), l'Iran et le Kurdistan, mais sans jamais prendre l'avion : en bateau, en stop, à vélo, à cheval, à pied, en train ou en bus, il rejoint Paris juste à temps pour fêter Noël en famille.

À son retour dans sa ville natale, il passe deux ans fantastiques à se promener dans quasiment toutes les rues de Paris pour écrire, avec un ami, son premier guide sur les secrets de Paris. Il passe ensuite sept ans dans la sidérurgie avant d'être rappelé par la passion de la découverte. Il crée sa maison d'édition en 2005 et part habiter à Venise en 2006. En 2013, en quête de nouvelles aventures, il part en famille, pendant six mois, de Venise au Brésil en passant par la Corée du Nord, la Micronésie, les Îles Salomon, l'Île de Pâques, le Pérou et la Bolivie. Après sept ans passés à Rio de Janeiro, il vit désormais à Berlin avec sa femme et ses trois enfants.

Les Éditions Jonglez publient des livres en neuf langues dans 40 pays.

ÉGALEMENT DISPONIBLES CHEZ LE MÊME ÉDITEURS

ATLAS

Atlas des curiosités géograpiques

BEAUX LIVRES

Baïkonour - Vestiges du programme spatial soviétique
Espagne abandonnée
Esprit Récup' - Idées de déco insolites
Églises abandonnées - Lieux de culte en déshérence
Forbidden Places - Vol. 1
Forbidden Places - Vol. 2
Forbidden Places - Vol. 3
Forgotten Heritage
France abandonnée
France oubliée
Hôtels insolites
Italie abandonnée
Îles privées à louer
Le crépuscule des cinémas
Liban abandonné
Patrimoine abandonné
URSS abandonnée
Venise déserte
Venise vue d'en haut
Vins insolites

En anglais
Abandoned America (en anglais)
Abandoned Asylums (en anglais)
Abandoned Australia (en anglais)
Abandoned Japan (en anglais)
After the Final Curtain - Vol. 1 (en anglais)
After the Final Curtain - Vol. 2 (en anglais)
Chernobyl's Atomic Legacy (en anglais)

GUIDES INSOLITES ET SECRETS

Aix insolite et secrète
Bali insolite et secrète
Bangkok insolite et secrète
Barcelone insolite et secrète
Bassin d'Arcachon méconnu
Berlin insolite et secret
Berry insolite et secret
Bordeaux méconnu
Boutiques insolites à Paris
Bretagne Nord insolite et secrète
Bruxelles insolite et secrète
Buenos Aires insolite et secrète
Campanie insolite et secrète
Copenhague insolite et secrète
Corse insolite et secrète
Côte d'Azur insolite et secrète
Dolomites insolites et secrètes
Dublin insolite et secrète
Florence insolite et secrète
Genève insolite et secrète
Grand Paris insolite et secret
Grenade insolite et secrète
Istanbul insolite et secrète
Le Cap insolite et secret
Les Charentes insolites et secrètes
Lille méconnu
Lisbonne insolite et secrète
Londres Bars et restos secrets
Londres insolite et secrète
Lyon insolite et méconnu
Madrid insolite et secrète
Marseille insolite et secrète
Mexico city insolite et secrète
Milan insolite et secrète
Montréal insolite et secrète
Naples insolite et secrète
New York insolite et secrète
Normandie insolite et secrète
Nouvelle Orléans insolite et secrète
Paris bars & restos insolites
Paris méconnu
Paris nuits insolites
Pays basque insolite et secret
Prague insolite et secrète
Provence insolite et secrète
Rio insolite et secrète
Rome insolite et secrèteTokyo insolite et secrète
Séville insolite et secrète
Singapour insolite et secrète
Toscane insolite et secrète
Un soir insolite à Paris
Venise insolite et secrèteVienne insolite et secrète
Washington insolite et secrète

En anglais
Secret Belfast
Secret Brighton - An unusual guide
Secret Brooklyn
Secret Edinburgh - An unusual guide
Secret Helsinki
Secret Johannesburg
Secret Liverpool - An unusual guide
Secret New York - Curious Activities
Secret New York - Hidden Bars & Restaurants
Secret Sussex
Secret York

GUIDES « SOUL »

Soul of Amsterdam
Soul of Athènes
Soul of Barcelone
Soul of Berlin
Soul of Kyoto
Soul of Lisbon
Soul of Los Angeles
Soul of Marrakech
Soul of New York
Soul of Rome
Soul of Tokyo
Soul of Venise

Suivez-nous sur Facebook, Instagram et Twitter

REMERCIEMENTS

Nos chaleureux remerciements à Corné Henri Bibo pour la majeure partie des photos, Christelle de Cazenove pour son aide à la traduction et pour la photo de Pierre Cuypers, Françoise Labouchere pour sa relecture ainsi que Minne Dijkstra pour ses précisions historiques. Nous remercions aussi l'association Tesselschade Arbeid Adelt pour son hospitalité ainsi que Victoria de Regt, Nick Padalino, Herbert van Hasselt, Pierre de Viel Castel, Jules Faber, Kyra ten Cate, Fenny van Wees, Dunya Verwey et Boudewijn Zwart.

CRÉDITS PHOTOGRAPHIQUES

Toutes les photos sont de **Corné Henri Bino** et **Lynn Van der Velden** sauf :
Joods Historisch Museum : Le « poteau du shabbat » du bord de l'Amstel
Museum van Speelklok to pierement : Musée de l'Orgue de Barbarie G. Perlee
Jona Andersen : Salle des coffre-forts de la bourse de Berlage
Thomas Mayer : Occohofje
Alexander van Eys : gravures diverses
Vereniging Vrienden van Amsterdamse Gevelstenen : pierres de façade diverses
Madame Ritman : Embassy of the Free Mind
Régine Lemarchand : Bas-relief de l'ancienne porte de la prison Spinhuis, Couvent de Béthanie, Église Saint-Nicolas, Chapelle secrète du Perroquet, Labyrinthe d'Amsterdam, Tombe de Cornelia Arents, Porte des Lépreux, Pierre de façade du moulin à papier, Vestiges de la Jan Roodepoortstoren, Distillerie de la Cigogne, Piste de ski indoor, Belles villas de la Vondelstraat, Doigt du passage du Rijksmuseum, Boîte aux lettres la Ronde de Nuit, Étoiles de David de la Galerie d'Honneur
Natascha Sylvestre : nombreuses photos du nord d'Amsterdam
Donatienne Bodart : certaines photos du Rijksmuseum
Victoria de Regt : divers sujets
Thomas Jonglez : Symboles du grand hall du Rijksmuseum
Frans Daman: Maison Gisèle

Cartographie : **Jean-Baptiste Neny** - Maquette : **Emmanuelle Willard Toulemonde** - Correction et édition : **Clémence Mathé**

Dépôt légal : avril 2023 - Édition : 03
ISBN : 978-2-36195-300-3
Imprimé en Bulgarie par Dedrax